ADAPTOVANÁ ČESKÁ PRÓZA

Staré pověsti české a moravské

Adaptovala Lída Holá

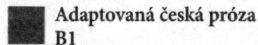
Adaptovaná česká próza
B1

Upozornění:
Toto dílo, včetně všech svých částí, je opatřeno výhradou autorských práv a je chráněno zákonem. Jiné než zákonem předepsané užití je trestné – jde především o přísný zákaz dalšího rozmnožování bez písemného souhlasu nakladatele. Jednotlivé součásti kompletu jsou samostatně neprodejné.

No part of this publication may be reprinted, reproduced or distributed in any form or by any means, or stored in a data base retrieval system without prior written permission of the publisher.

Překlady slovníčků: Melvyn Clarke (anglická verze); Maike Urban (německá verze); Veronika Novoselová (ruská verze)
Jazyková redakce a klíč: Jana Blažejová, Hana Suchánková
Grafická úprava a sazba: Olga Fischerová

© Adaptation Lída Holá, 2012
© Graphic & Cover Design Olga Fischerová, 2012
© Illustrations Barbora Kyšková, 2012
© Cover Photography Ondřej Fučík, 2012
© Archivní fotografie – Muzeum hlavního města Prahy, 2012
All images all rights reserved!
©, ℗ Filip Tomáš – Akropolis, 2012

Bezplatná CD příloha byla nahrána ve studiu Švandova divadla – Martin Hejl, ClownTown.
Na CD účinkují: Jiřina Panenková a Ivo Kubečka.
Post-production & mastering CD Tomáš Karásek, 2012

Vydal Filip Tomáš – Akropolis
Severozápadní IV 16/433, 141 00 Praha 41
www.akropolis.info
v roce 2012 jako svoji 199. publikaci

1. vydání (2011), 96 stran
Tisk: Těšínské papírny, s. r. o., Bezručova 212/17, 737 01 Český Těšín

Bližší informace: www.czechstepbystep.cz

ISBN 978-80-87481-59-2

Úvod

Většina pověstí, které budete číst, pochází z dvanáctého století. V té době je sepsal kněz z vyšehradského kostela Kosmas „podle starých legend, podle vyprávění starců a podle toho, co sám viděl a slyšel". Později je doplnili a rozšířili další autoři, především Dalimil a Václav Hájek z Libočan. V devatenáctém století pověsti přepracoval Alois Jirásek. Jeho kniha *Staré pověsti české* byla velmi populární. Pověsti se staly inspirací pro mnoho hudebních děl, obrazů, soch i filmů a hrají důležitou roli ve vědomí národa.

Tato publikace je určena pro středně pokročilé studenty na úrovni B1. Vzhledem ke specifické slovní zásobě ovšem doporučujeme využití slovníku nebo anglického, německého a ruského glosáře, který je součástí knihy.

Praotec Čech

Slované kdysi žili na území mezi řekami Vislou a Dněprem. Když mezi lidmi začaly hádky a boje o půdu a o majetek, muž jménem Čech se rozhodl, že půjde hledat novou vlast. Svolal své lidi, sehnali ovce, krávy a kozy a vyšli na cestu. Cesta byla těžká a mnoho lidí umřelo. Po nějaké době došli do krásné krajiny. Zastavili se pod horou a odpočívali.

Když ráno vycházelo slunce, vyšli Čech a jeho lidé na horu. Čech se podíval kolem a řekl: „Tohle je ta zaslíbená země, plná ptáků a zvířat, mléka a medu. Tady budeme žít. Ale jak se ta země bude jmenovat?" „Podle tebe, podle tebe!" volali všichni.

Čech políbil zemi, jejich novou vlast. Pak lidé udělali velký oheň a děkovali bohům. A od té doby se ta země jmenuje Čechy. Hora, na kterou praotec Čech podle legendy vyšel, se jmenuje Říp.

■ Libušino proroctví

Když Čech zemřel, stal se vládcem české země Krok. Měl tři dcery, jmenovaly se Kazi, Teta a Libuše. Nejmladší a nejkrásnější byla Libuše. Byla moudrá a spravedlivá, a proto po smrti otce začala vládnout. Její sídlo bylo na Vyšehradě.
Libuše uměla prorokovat – viděla, co se stane v budoucnosti. Jednou večer stála na Vyšehradě na skále nad řekou Vltavou a dívala se do krajiny. Prorokovala: „Vidím veliké město! Jeho sláva se bude dotýkat hvězd. Jděte do lesa na Strahově. Uvidíte tam člověka, který tesá práh domu. Na tom místě postavíte hrad, který nazvete Praha. Město Praha bude známé po celém světě. Každý před ním skloní hlavu, jako každý musí sklonit hlavu na prahu dveří."
Jak Libuše řekla, tak se stalo.

Libuše a Přemysl

Jednou k Libuši přišli dva muži, kteří se hádali o majetek. Libuše rozhodla spravedlivě, ale muž, který prohrál, křičel: „Běda mužům, kterým žena vládne! Ženy mají dlouhé vlasy, ale krátký rozum!" Libuše řekla: „Jsem žena a jako žena se chovám. Ale budete mít, co chcete: přísného vládce. Můj kůň vás dovede do vesnice Stadice. Tam uvidíte muže, který orá pole. Jmenuje se Přemysl. To je můj budoucí manžel a váš nový vládce!"

Její lidé šli do Stadic a tam našli muže, o kterém mluvila. A tak podle legendy začal v české zemi vládnout mocný rod, Přemyslovci. Poslední žena z tohoto rodu byla Eliška Přemyslovna, matka slavného českého krále a římského císaře Karla IV.

adaptovaná česká próza

Bivoj

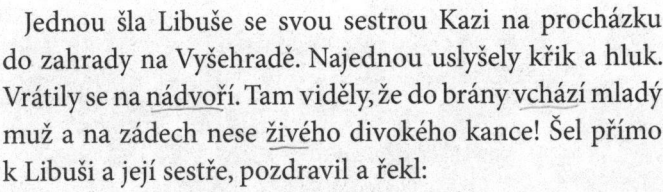
živý: alive; vivid; busy; animated; topical

Jednou šla Libuše se svou sestrou Kazi na procházku do zahrady na Vyšehradě. Najednou uslyšely křik a hluk. Vrátily se na nádvoří. Tam viděly, že do brány vchází mladý muž a na zádech nese živého divokého kance! Šel přímo k Libuši a její sestře, pozdravil a řekl:
„Tady je to zlé zvíře z Kavčí hory. Už dlouho tam ničí úrodu. Jestli chceš, zabiju ho tady před tebou." Muži, kteří stáli kolem, chtěli mladíkovi pomoct, ale on vykřikl: „Sám jsem ho chytil, sám ho také zabiju!" Hodil kance na zem a zabil ho.

Lidé se radovali, že zlý kanec už nebude ničit jejich pole. Libuše Bivoje pochválila a pozvala ho ke stolu. Pak Kazi přinesla Bivojovi odměnu. Byl to krásný pás, který patřil jejich otci Krokovi. „V tom pásu je zašitá kouzelná bylina a hadí zub," řekla Bivojovi. „Díky tomu nikdy nezabloudíš ani v temné noci." Kazi znala léčivé a kouzelné byliny a uměla čarovat.

Mladý hrdina poděkoval a oslavy pokračovaly až do rána. Ráno Bivoj navrhl, že doprovodí Kazi na cestě na její hrad Kazín. A za několik měsíců se Bivoj stal manželem Kazi a otcem jejích dětí.

Dívčí válka

Když Libuše zemřela, ženy a dívky byly nespokojené, protože muži si jich už nevážili. Posmívali se: „Dřív jste vládly, ale teď tady chodíte jako ovce!" Nejsilnější z žen, která se jmenovala Vlasta, svolala ženy a dívky a společně postavily hrad Děvín. Pak začaly válku proti mužům. Muži nejdřív nebrali „dívčí válku" vážně. Ženy však bojovaly jako lvice a zabíjely muže, kde je potkaly.

Jeden muž, který ve válce zabil mnoho žen, se jmenoval Ctirad. Vlasta ho nenáviděla, a proto naplánovala lest. Jednou jel Ctirad přes les v údolí. Najednou uslyšel pláč a uviděl krásnou dívku. Řekla Ctiradovi, že se jmenuje Šárka a že nechtěla bojovat proti mužům. Ženy ji proto přivázaly ke stromu a vedle daly džbán s medovinou a roh. Šárka se ale nemohla napít ani přivolat pomoc. Prosila Ctirada, aby ji zachránil. Ctirad ji odvázal. Pak spolu vypili džbán medoviny a Ctirad zatroubil na roh. To byl signál pro Vlastu a další ženy. Když uslyšely zvuk rohu, přijely a Ctirada zabily.

Muži chtěli Ctirada pomstít, ženy porazili a hrad zbořili. V boji zemřela i jejich vládkyně Vlasta. Legenda vypráví, že Šárka skočila ze skály, protože se do Ctirada zamilovala a měla výčitky svědomí. Údolí v Praze, kde se tento příběh stal, se na její památku jmenuje Šárka.

Horymír

V době, kdy vládl kníže Křesomysl, se život v české zemi změnil. Lidé nechtěli pracovat na poli a raději odcházeli hledat stříbro a zlato do dolů. Jeden šlechtic, který se jmenoval Horymír, šel na Vyšehrad ke Křesomyslovi a stěžoval si, že jeho lidé utíkají do dolů. Ale Křesomysl miloval zlato a stříbro a Horymíra vyhnal. Když se Horymír vrátil domů, našel své sídlo vypálené. Udělali to majitelé dolů. Horymír se pomstil, vypálil jejich sídlo, zabil jejich lidi a doly zničil.

Křesomysl se rozzlobil, zajal Horymíra a nechal ho přivést na Vyšehrad. Tam rozhodl, že Horymíra popraví. Před popravou se Křesomysl zeptal Horymíra, jaké je jeho poslední přání. „Chtěl bych se naposled projet na svém koni Šemíkovi," řekl Horymír. „Jeď," smál se Křesomysl, „kůň bez křídel ti stejně nepomůže." Horymír na Šemíkovi třikrát objel nádvoří Vyšehradu. Když jel potřetí, vykřikl: „Vzhůru, Šemíku, vzhůru!"

Kůň vyskočil, jako by měl křídla, přeskočil hradby a skočil ze skály do řeky Vltavy pod Vyšehradem. Všichni vykřikli a běželi ke hradbám. Mysleli, že Horymír i Šemík jsou mrtví. S úžasem ale viděli, že Šemík přeplaval řeku a nese Horymíra domů do vesnice Neumětely. Křesomysl dal Horymírovi milost. Věrný kůň Šemík však nežil dlouho. Na místě, kde je pohřbený, dnes stojí pomník a leží velký kámen s nápisem, který tuto legendu připomíná.

Válka s Lučany

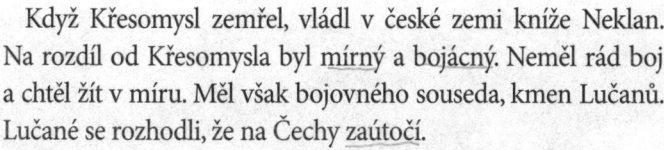

Když Křesomysl zemřel, vládl v české zemi kníže Neklan. Na rozdíl od Křesomysla byl mírný a bojácný. Neměl rád boj a chtěl žít v míru. Měl však bojovného souseda, kmen Lučanů. Lučané se rozhodli, že na Čechy zaútočí.

Jeden muž z kmene Lučanů se jmenoval Straba. Měl manželku, mladou Češku, kterou získal jako kořist. Velmi ji miloval, ale ona byla pořád smutná a zachmuřená. Také Straba se připravoval do boje s Čechy. Před odjezdem přišla jeho nevlastní matka, která uměla čarovat. Řekla mu: „Běda, třikrát běda! Lučané válku prohrají. Ty se ale můžeš zachránit. Řeknu ti, jak to uděláš. Musíš probodnout prvního Čecha, který na tebe zaútočí. Pak mu uřízneš uši a pojedeš zpátky domů!" Straba slíbil, že to udělá. Na Vyšehradě zatím všichni přemlouvali Neklana: „Jsi náš kníže! Musíš nás vést do boje!" Ale Neklan měl strach. Nakonec řekl jeho bratranec Čestmír: „Dobře, Neklane, já půjdu do boje místo tebe! Dej mi šaty a meč!" A v přestrojení za Neklana vyjel proti nepříteli. Bojoval jako lev, ale Lučané ho zabili. Češi, rozzuření jeho smrtí, pak Lučany porazili.

Straba udělal všechno tak, jak slíbil nevlastní matce. Probodl prvního Čecha, který na něj zaútočil, a uřízl mu uši. Po boji odjel domů. Tam uslyšel zlou zprávu: jeho žena prý umírá. Přišel k ní a viděl, že má na prsou krvavou ránu. „Zvedni jí vlasy", chmurně řekla jeho nevlastní matka. Straba to udělal a strnul hrůzou: jeho žena neměla uši. Ona byla ten bojovník, kterého sám zabil! „Ty jsi to věděla!" vykřikl. „Věděla," odpověděla jeho nevlastní matka, „ale kdybych ti to řekla, nikdy bys mi nevěřil."

Lučané už nikdy na Čechy nezaútočili. Čestmíra pohřbili s knížecími poctami a Neklan ještě dlouho vládl v míru.

Svatý Václav a Blaník

Zatímco Čecha, Kroka, Libuši, Přemysla, Křesomysla a Neklana známe jenom z legend, první historicky doložený kníže z rodu Přemyslovců je Bořivoj. V roce 874 se se svou manželkou Ludmilou nechali pokřtít. Ludmila a její vnuk Václav byli zbožní a laskaví křesťané a lidé je měli rádi. Jejich příbuzní, Václavova matka a bratr, se báli jejich vlivu. Proto nechali Ludmilu a později i Václava zavraždit. Kněžna Ludmila a kníže Václav se stali prvními českými svatými.

Ve středních Čechách leží hora Blaník. Pověst říká, že v této hoře spí blaničtí rytíři, vojáci svatého Václava. Až bude v české zemi zle, přijdou na pomoc. Povede je kníže Václav na bílém koni.

Jedna prostá vesnická dívka kdysi pracovala na poli blízko Blaníka. Najednou k ní přišel rytíř a řekl jí: „Pojď se mnou! Mám pro tebe práci." Dívka se nebála a šla. V hoře byla brána, za ní chodba a velký sál. Uprostřed sálu stál stůl, kolem seděli rytíři a spali. Podél zdí stáli jejich koně a také spali. Dívka rychle zametla a uklidila celý sál. Když chtěla odejít, přišel k ní rytíř a dal jí do koše smetí. Řekl jí: „To je odměna za tvoji práci." Dívka vyšla z hory a zlostně smetí vysypala.

Když přišla domů, zjistila, že byla pryč celý rok. Všichni už mysleli, že je mrtvá. Další překvapení ji čekalo, když se podívala do koše: na dně uviděla tři zlaté peníze! Rychle běžela zpátky, ale smetí už bylo pryč. A tak dívka přišla o rok života i o odměnu.

Svatopluk a jeho synové

Moravský kníže Svatopluk byl silný a mocný vládce. Z historických pramenů víme, že žil v devátém století a vládl říši nazývané Velká Morava. Pověst vypráví, že když přišel jeho čas a Svatopluk cítil, že umírá, zavolal své tři syny. Rozdělil říši spravedlivě na tři části a každému synovi dal jednu část. Nejstaršímu synovi ale řekl: „Ty budeš vládce a kníže a budeš o všem rozhodovat! Tvoji bratři tě musí poslouchat." Pak nechal přinést tři svázané silné pruty. Řekl synům: „Zkuste je zlomit!" Mladíci to zkoušeli, ale nemohli pruty zlomit. Pak dal Svatopluk každému jenom jeden prut. Ten snadno zlomili.

„Vidíte, moji synové," řekl vážně jejich otec. „Když spolu budete žít ve svornosti, v lásce a míru, nikdo a nic vaši sílu nezlomí a nepřítel vás neporazí. Ale když se budete hádat a vy dva mladší nebudete poslouchat nejstaršího bratra, nepřítel vás porazí."

Když Svatopluk zemřel, synové nějaký čas pamatovali na jeho radu. Pak ale mezi nimi začaly hádky a boje a Svatoplukova říše se rozpadla.

■ Král Ječmínek

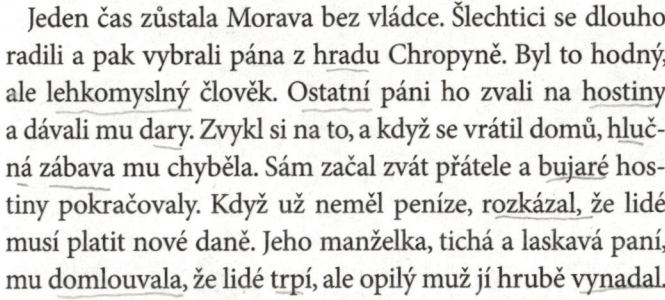

Jeden čas zůstala Morava bez vládce. Šlechtici se dlouho radili a pak vybrali pána z hradu Chropyně. Byl to hodný, ale lehkomyslný člověk. Ostatní páni ho zvali na hostiny a dávali mu dary. Zvykl si na to, a když se vrátil domů, hlučná zábava mu chyběla. Sám začal zvát přátele a bujaré hostiny pokračovaly. Když už neměl peníze, rozkázal, že lidé musí platit nové daně. Jeho manželka, tichá a laskavá paní, mu domlouvala, že lidé trpí, ale opilý muž jí hrubě vynadal.

Jednou zase potřeboval peníze a připravoval nové daně. Manželka ho přišla prosit, aby to nedělal. Pán se rozzuřil, vzal meč a vyhnal ji pryč z hradu. Ubohá paní utíkala k poli, na kterém rostl vysoký ječmen, a tam se schovala. Když ji pán nemohl najít, šel zpátky na hrad a čekal, že se vrátí.

Jeho manželka se ale nevrátila. Za nějaký čas se pán dověděl, že v ječmeni porodila syna a žije u nějaké chudé rodiny. Pán ji nechal hledat po celé Moravě, ale nikdo neprozradil, kde je. Teprve teď její manžel viděl, co ztratil. Jezdil po celé zemi, hledal paní a syna, ale už je nikdy nenašel. Do smrti pak žil jako mnich a litoval toho, co udělal.

Lidé od té doby věřili, že se chlapec, který se narodil na poli s ječmenem a vyrostl v chudé chalupě, jednou vrátí na Moravu jako její moudrý a laskavý vládce, král Ječmínek. Podle této legendy se každý rok na Moravě na Hané konají folklorní slavnosti, takzvané Jízdy králů. Král je mladý chlapec, který jede na koni vesnicí. Je oblečený jako žena a v ústech má bílou růži. Nesmí promluvit, aby ho nepřátelé nepoznali a nezabili.

CVIČENÍ

cvičení | Staré pověsti české a moravské 27

Praotec Čech

1. Povídejte si před čtením.
Víte, podle čeho se jmenuje vaše země? Existuje o tom nějaká pověst nebo skutečný příběh?

2. Tvořte věty. Spojte.
1. Slované kdysi žili
2. Muž jménem Čech se rozhodl,
3. Po nějaké době došli
4. Pak lidé udělali
5. A od té doby

A. velký oheň.
B. na území mezi řekami Vislou a Dněprem.
C. se ta země jmenuje Čechy.
D. do krásné krajiny.
E. že půjde hledat novou vlast.

3. V textu je 10 chyb a nesmyslů. Najdete je?
Slované kdysi žili na území mezi horami Vislou a Dněprem. Když mezi lidmi začaly hádky a boje o domy a auta, muž jménem Čech se rozhodl, že půjde hledat novou vlast. Svolal své lidi, sehnali ovce, krávy a kozy a vyletěli na cestu. Cesta byla lehká a mnoho lidí umřelo. Po nějaké době došli do krásné krajiny. Zastavili se pod vodou a odpočívali. Když ráno vycházel měsíc, vyšli Čech a jeho lidé na horu. Čech se podíval kolem a řekl: „Tohle je ta zaslíbená země, plná ptáků a zvířat, piva a medu. Tady budeme žít. Ale jak se ta země bude jmenovat?" „Podle mě, podle mě!" volali všichni. Čech políbil zemi, jejich novou vlast. Pak lidé udělali velký dům a děkovali bohům. A od té doby se ta země jmenuje Čechy. Hora, na kterou pramatka Češka podle legendy vyšla, se jmenuje Říp.

4. Doplňte prepozice. Pak zkontrolujte v textu.
pod, podle (2x), mezi (2x), do, o (2x), od, na (3x)
1. Slované kdysi žili na území _____ řekami Vislou a Dněprem.
2. Když _____ lidmi začaly hádky a boje _____ půdu a _____ majetek, muž jménem Čech se rozhodl, že půjde hledat novou vlast.
3. Svolal své lidi, sehnali ovce, krávy a kozy a vyšli _____ cestu.
4. Po nějaké době došli _____ krásné krajiny. Zastavili se _____ horou a odpočívali.
5. Když ráno vycházelo slunce, vyšli Čech a jeho lidé _____ horu.

adaptovaná česká próza

6. „_____ tebe, _____ tebe!" volali všichni.
7. A _____ té doby se ta země jmenuje Čechy.
8. Hora, _____ kterou praotec Čech podle legendy vyšel, se jmenuje Říp.

5. Určete pád označených slov. Pak doplňte nominativ sg.

	pád	nominativ sg.
hádky a boje o *půdu* a o *majetek*		
vyšli na *cestu*		
po *nějaké době*		
došli do *krásné krajiny*		
zastavili se pod *horou*		
vyšli na *horu*		
od *té doby*		

6. Doplňte do vět tato slovesa.

▲ vycházelo ▲ vyšel ▲ vyšli (2x) ▲ došli
1. Svolal své lidi, sehnali ovce, krávy a kozy a _____ na cestu.
2. Po nějaké době _____ do krásné krajiny.
3. Když ráno _____ slunce, _____ Čech a jeho lidé na horu.
4. Hora, na kterou praotec Čech podle legendy _____, se jmenuje Říp.

7. Vypište imperfektivní/perfektivní páry sloves. Pak tvořte nové věty.

~~začít~~ dojít zastavovat se rozhodnout se vyjít dělat udělat dívat se docházet zastavit se podívat se vycházet ~~začínat~~ umírat rozhodovat se umřít
1. začínat / začít
2. _____ / _____
3. _____ / _____
4. _____ / _____
5. _____ / _____
6. _____ / _____
7. _____ / _____
8. _____ / _____

cvičení | Staré pověsti české a moravské

8. Vyprávějte příběh ještě jednou. Používejte tyto výrazy.
žít na území mezi Vislou a Dněprem
začaly hádky a boje
svolat lidi
vyjít na cestu
dojít do krásné krajiny
zastavit se pod horou
vyjít na horu
zaslíbená země
jmenovat se podle Čecha

9. Vymyslete a napište dialog Čecha a jeho manželky.

Libušino proroctví

1. Povídejte si před čtením.
 1. Jak se jmenuje hlavní město vaší země? Proč se tak jmenuje?
 2. Jak se jmenuje místo, kde jste se narodili nebo kde teď žijete? Víte, proč se tak jmenuje?

2. Co je/není pravda?
 1. Po smrti Čecha se stal vládcem české země Krok.   ANO / NE
 2. Krok měl čtyři dcery.   ANO / NE
 3. Libuše byla nejstarší a nejkrásnější.   ANO / NE
 4. Libuše viděla, co se stane v budoucnosti.   ANO / NE
 5. Libuše prorokovala, že Praha bude moderní město.   ANO / NE
 6. To, co Libuše prorokovala, se nestalo.   ANO / NE

3. Vysvětlete tyto výrazy jinými slovy nebo ukažte (gestem nebo kolem sebe).
 1. dotýkat se / dotknout se něčeho
 2. sklánět / sklonit hlavu
 3. práh dveří
 4. tesat / vytesat ze dřeva nebo z kamene

4. Spojte.
 1. stát se   A. hrad
 2. po smrti   B. vládcem
 3. viděla, co se stane   C. otce
 4. stála   D. po celém světě
 5. jděte   E. hlavu
 6. postavíte   F. na skále nad řekou
 7. město bude známé   G. v budoucnosti
 8. musí sklonit   H. do lesa

5. Doplňte *se*. POZOR – někde to není nutné.
 1. Když Čech zemřel, stal _____ vládcem české země Krok.
 2. Krok měl tři dcery, jmenovaly _____ Kazi, Teta a Libuše.
 3. Libuše byla moudrá a spravedlivá, a proto po smrti otce _____ začala vládnout.
 4. Libuše uměla prorokovat – viděla, co _____ stane v budoucnosti.

cvičení | Staré pověsti české a moravské

5. Libuše _____ stála na Vyšehradě na skále nad řekou Vltavou a dívala _____ do krajiny.
6. Na tom místě _____ postavíte hrad, který nazvete Praha.
7. Každý před ním _____ skloní hlavu, jako každý musí _____ sklonit hlavu na prahu dveří.
8. Jak Libuše řekla, tak _____ stalo.

6. Určete pád označených slov. Pak doplňte nominativ sg.

	pád	nominativ sg.
stal se *vládcem*		
po smrti *otce*		
sídlo bylo na *Vyšehradě*		
stála na *skále*		
skála nad *řekou Vltavou*		
jděte do *lesa*		
uvidíte tam *člověka*		
po *celém světě*		
sklonit *hlavu*		

7. Doplňte -in, -ina, -ino, -iny.
 1. Libuš _____ otec Krok
 2. Libuš _____ sídlo
 3. Libuš _____ proroctví
 4. Libuš _____ sestry Kazi a Teta
 5. Libuš _____ sestra Kazi

8. Znáte Prahu? Napište, jak se vám líbí a jaký k ní máte vztah.

adaptovaná česká próza

Libuše a Přemysl

1. Povídejte si před čtením.
 1. O co se lidé obvykle hádají?
 2. Kdo a jak rozhoduje o tom, kdo má pravdu?

2. Označte, co je správně.

1. Dva muži se hádali
   a) o peníze
   b) o nějakou ženu
   c) o majetek

2. Libuše rozhodla
   a) hezky
   b) šťastně
   c) spravedlivě

3. Libuše řekla, že se chová
   a) jako muž
   b) jako žena
   c) jako dítě

4. Do vesnice Stadice dovedl lidi
   a) Libušin pes
   b) Libušin kůň
   c) Libušin bratr

5. Rod Přemyslovců byl
   a) spravedlivý
   b) moudrý
   c) mocný

6. Eliška Přemyslovna byla matka
   a) Karla IV. (*čti:* čtvrtého)
   b) Přemysla
   c) Libuše

3. Spojte otázky a odpovědi.

1. Kdo přišel jednou k Libuši?
2. Jak rozhodla Libuše?
3. Co křičel muž, který prohrál?
4. Jakého vládce chtěli mít muži?
5. Kde žil Přemysl?
6. Co dělal Přemysl, když přišli Libušini lidé?
7. Jak se jmenoval mocný rod, který vládl zemi?
8. Kdo byl syn Elišky Přemyslovny?

A. Spravedlivě.
B. „Běda mužům, kterým žena vládne!"
C. Slavný král a císař Karel IV.
D. Dva muži, kteří se hádali o majetek.
E. Ve vesnici Stadice.
F. Přísného.
G. Oral pole.
H. Přemyslovci.

cvičení | Staré pověsti české a moravské

4. Spojte slova s opačným významem. Pak tvořte věty s těmito výrazy.
1. přijít   A. vyhrát
2. muž   B. krátký
3. dlouhý   C. první
4. spravedlivě D. žena
5. matka   E. odejít
6. poslední   F. nespravedlivě
7. prohrát   G. otec

5. Doplňte vhodné sloveso v minulém čase.
▲ prohrát ▲ hádat se ▲ říct ▲ najít ▲ rozhodnout ▲ přijít ▲ začít
1. Jednou k Libuši _____ dva muži, kteří _____ o majetek.
2. Libuše _____ spravedlivě.
3. Muž, který _____ , křičel: „Běda mužům, kterým žena vládne!"
4. Libuše _____ : „Jsem žena a jako žena se chovám."
5. Její lidé šli do Stadic a tam _____ muže, o kterém mluvila.
6. A tak podle legendy _____ v české zemi vládnout mocný rod, Přemyslovci.

6. Vypište imperfektivní/perfektivní páry sloves. Pak je použijte ve větách.
~~hádat se~~ rozhodovat uvidět prohrát rozhodnout přicházet prohrávat přijít vidět nacházet najít ~~pohádat se~~
1. hádat se   / pohádat se
2. _____ / _____
3. _____ / _____
4. _____ / _____
5. _____ / _____
6. _____ / _____

7. Vyprávějte příběh ještě jednou. Používejte tyto výrazy.
hádat se o majetek
rozhodnout spravedlivě
muž, který prohrál

adaptovaná česká próza

dlouhé vlasy, krátký rozum
chovat se jako žena
přísný vládce
kůň vás dovede
muž, který orá pole
nový vládce
mocný rod

8. **Vymyslete a napište dialog mezi Libuší a Přemyslem.**

9. **Vyprávějte příběh ještě jednou, ale vymyslete jiný konec.**

Bivoj

1. Povídejte si před čtením.
  1. Znáte nějaké nebezpečné zvíře? Kde ho v přírodě můžete potkat?
  2. Jaká nebezpečná zvířata žijí v České republice?

2. Vyberte a spojte vhodné adjektivum a substantivum. Hledejte víc možností.

temný divoký kouzelný
mladý krásný zlý
léčivý živý

kanec pás noc
Bivoj zvíře bylina

3. Vyberte a napište správné odpovědi na otázky.
  1. Co uslyšely Libuše a Kazi, když šly na procházku do zahrady?
   – _____
  2. Kam se vrátily? – _____
  3. Co nesl na zádech mladý muž, který vcházel do brány hradu?
   – _____
  4. Kdo chtěl mladíkovi pomoct zabít kance? – _____
   _____
  5. Co špatného dělal kanec? – _____
  6. Kam pozvala Libuše Bivoje? – _____
  7. Co dala Kazi Bivojovi za odměnu? – _____
  8. Co bylo v pásu zašité? – _____
  9. Co uměla Kazi? – _____
  10. Jak dlouho pokračovaly oslavy? – _____
  11. Co navrhl Bivoj Kazi? – _____
   _____
  12. Čím se stal Bivoj? – _____
   _____

▲ Léčivé a kouzelné byliny. ▲ Živého divokého kance. ▲ Že ji doprovodí na její hrad Kazín. ▲ Muži, kteří stáli okolo. ▲ Ke stolu. ▲ Křik a hluk. ▲ Čarovat. ▲ Krásný pás. ▲ Manželem Kazi a otcem jejích dětí. ▲ Na nádvoří. ▲ Až do rána. ▲ Ničil úrodu.

adaptovaná česká próza

4. Doplňte prepozice. Pak zkontrolujte v textu.

1. Jednou šla Libuše _____ svou sestrou Kazi _____ procházku _____ zahrady _____ Vyšehradě.
2. Viděly, že _____ brány vchází mladý muž a _____ zádech nese živého divokého kance!
3. Šel přímo _____ Libuši a její sestře, pozdravil a řekl: „Tady je to zlé zvíře _____ Kavčí hory."
4. Hodil kance _____ zem a zabil ho.
5. Libuše Bivoje pochválila a pozvala ho _____ stolu.
6. „_____ tom pásu je zašitá kouzelná bylina a hadí zub," řekla Bivojovi. „_____ tomu nikdy nezabloudíš ani _____ temné noci."
7. Mladý hrdina poděkoval a oslavy pokračovaly až _____ rána.
8. Ráno Bivoj navrhl, že doprovodí Kazi _____ cestě _____ její hrad Kazín.
9. A _____ několik měsíců se Bivoj stal manželem Kazi a otcem jejich dětí.

5. Vypište imperfektivní/perfektivní páry sloves.

~~zabít~~ vrátit se pomáhat bloudit slyšet zdravit
pochválit děkovat ~~zabíjet~~ chválit zabloudit
poděkovat pomoct uslyšet vracet se pozdravit

1. zabíjet _____ / zabít
2. _____ / _____
3. _____ / _____
4. _____ / _____
5. _____ / _____
6. _____ / _____
7. _____ / _____
8. _____ / _____

6. Které sloveso bylo v textu, imperfektivní, nebo perfektivní? Porovnejte, jak jejich užití mění význam.

1. Libuše a Kazi *slyšely/uslyšely* křik a hluk.
2. Libuše a Kazi *se vracely/se vrátily* na nádvoří.
3. Bivoj šel přímo k Libuši a její sestře, *zdravil/pozdravil* a řekl: „Tady je to zlé zvíře z Kavčí hory."
4. Muži, kteří stáli kolem, chtěli mladíkovi *pomáhat/pomoct*.
5. Bivoj hodil kance na zem a *zabíjel/zabil* ho.

cvičení | Staré pověsti české a moravské

6. Kazi řekla Bivojovi. „Díky tomu pásu nikdy *nebudeš bloudit/nezabloudíš* ani v temné noci."

7. **Vyprávějte příběh, jak by ho vyprávěla Kazi.**

8. **Vymyslete a napište dialog mezi Bivojem a Kazi po deseti letech.**

Dívčí válka

1. Povídejte si před čtením.
Znáte z historie nějakou pověst o boji žen proti mužům?

2. Spojte slova s opačným významem. Pak tvořte věty s těmito výrazy.

nenávidět někoho — zbořit hrad
nejsilnější z žen — nebrat něco vážně
přivázat ke stromu — nejslabší z žen
postavit hrad — milovat někoho
brát něco vážně — odvázat od stromu

3. Označte správný výraz.
1. Muži se ženám posmívali: „Dřív jste vládly, ale teď tady chodíte jako *kočky / lvice / ovce*!"
2. Ženy bojovaly jako *kočky / lvice / ovce* a zabíjely muže, kde je potkaly.
3. Vlasta Ctirada nenáviděla, a proto naplánovala *lest / boj / oslavu*.
4. Když jel Ctirad přes les v údolí, najednou uslyšel *hudbu / hluk / pláč* a uviděl krásnou dívku.
5. Šárka prosila Ctirada, *aby ji zabil / aby ji zachránil / aby jí dal napít*.
6. Ctirad a Šárka spolu vypili *džbán piva / džbán vína / džbán medoviny*.
7. Pak Ctirad zatroubil *na roh / na trubku / na saxofon*.
8. Když ženy uslyšely zvuk rohu, přijely a Ctirada *pozvaly na hrad Děvín / zabily / přivázaly ke stromu*.
9. Po smrti Ctirada měla Šárka *radost / zlost / výčitky svědomí*.
10. V Praze se na památku nešťastné Šárky jmenuje *most / řeka / údolí*.

4. Doplňte *se* nebo *si*.
1. Když Libuše zemřela, ženy a dívky byly nespokojené, protože muži _____ jich už nevážili.
2. Posmívali _____: „Dřív jste vládly, ale teď tady chodíte jako ovce!"

cvičení | Staré pověsti české a moravské

3. Nejsilnější z žen, která _____ jmenovala Vlasta, svolala ženy a dívky a společně postavily hrad Děvín.
4. Jeden muž, který ve válce zabil mnoho žen, _____ jmenoval Ctirad.
5. Řekla Ctiradovi, že _____ jmenuje Šárka a že nechtěla bojovat proti mužům.
6. Šárka _____ ale nemohla napít ani přivolat pomoc.
7. Legenda vypráví, že Šárka skočila ze skály, protože _____ do Ctirada zamilovala a měla výčitky svědomí.
8. Údolí v Praze, kde _____ tento příběh stal, _____ na její památku jmenuje Šárka.

5. Určete pád označených slov. Pak doplňte nominativ sg.

	pád	nominativ sg.
Vlasta byla nejsilnější z *žen*		
ženy začaly válku proti *mužům*		
ženy zabíjely *muže*		
Ctirad jel přes *les* v údolí		
dívka řekla *Ctiradovi*		
spolu vypili džbán *medoviny*		
ženy uslyšely zvuk *rohu*		
Šárka se zamilovala do *Ctirada*		
Šárka skočila ze *skály*		

6. Vypište imperfektivní/perfektivní páry sloves. Najděte věty, ve kterých jsou tato slovesa v textu. Diskutujte o významu použitého vidu.

~~uslyšet~~   zachraňovat   naplánovat   brát   zachránit   vzít   ~~slyšet~~   plánovat

40   **adaptovaná** česká próza

1. slyšet / uslyšet
2. _____ / _____
3. _____ / _____
4. _____ / _____

7. Vyprávějte příběh ještě jednou. Používejte tyto výrazy.
nevážit si žen
posmívat se
postavit hrad
začít válku proti mužům
naplánovat lest
přivázat dívku ke stromu
dát džbán medoviny a roh
jet kolem
odvázat dívku
uslyšet signál
zabít Ctirada
mít výčitky svědomí
pomstít Ctirada
porazit ženy
jmenovat se na památku Šárky

8. Vyprávějte příběh ještě jednou, ale vymyslete jiný konec.

9. Vymyslete a napište dialog Šárky a Ctirada.

Horymír

1. Povídejte si před čtením.
  1. Máte rádi zlato a stříbro? Nosíte zlaté a stříbrné šperky, nebo šperky z jiných materiálů?
  2. Jaké další kovy znáte?

2. Co to znamená? Spojte.

šlechtic — zabít někoho po soudu
důl — zeď nebo zdi kolem hradu
popravit někoho — aristokrat
křídla — to, co používá pták, když letí
hradba, hradby — místo pod zemí, kde lidé hledají vzácné kovy, uhlí nebo diamanty

3. V textu je 10 chyb a nesmyslů. Najdete je?

V době, kdy vládl kníže Křesomysl, se život v české zemi zlepšil. Lidé nechtěli pracovat na poli a raději odcházeli hledat uhlí do dolů. Jeden chudý člověk, který se jmenoval Horymír, šel na Vyšehrad ke Křesomyslovi a stěžoval si, že jeho lidé utíkají do dolů. Ale Křesomysl miloval zlato a stříbro a Horymíra vyhnal. Když se Horymír vrátil domů, našel své sídlo vypálené. Udělali to majitelé dolů. Horymír se pomstil, vypálil jejich sídlo, zabil jejich lidi a doly zničil. Křesomysl měl radost, zajal Horymíra a nechal ho přivést na Vyšehrad. Tam rozhodl, že Horymíra popraví. Před popravou se Křesomysl zeptal Horymíra, jaké je jeho první přání. „Chtěl bych si dát pivo," řekl Horymír. „Jeď," řekl smál se Křesomysl, „kůň bez křídel ti stejně nepomůže." Horymír na Šemíkovi třikrát objel nádvoří Vyšehradu. Když jel potřetí, vykřikl: „Dolů, Šemíku, dolů!" Kůň vyskočil, jako by měl křídla, přeskočil hrad a skočil ze skály do řeky Vltavy pod Vyšehradem. Všichni vykřikli a běželi ke hradbám. Mysleli, že Horymír i Šemík jsou mrtví. S úžasem ale viděli, že Šemík přeplaval moře a nese Horymíra domů do vesnice Neumětely. Křesomysl dal Horymírovi milost. Věrný kůň Šemík žil dlouho. Na místě, kde je pohřbený, dnes není nic.

4. Doplňte *se* nebo *si*.
  1. V době, kdy vládl kníže Křesomysl, _____ život v české zemi změnil.

adaptovaná česká próza

2. Jeden šlechtic, který _____ jmenoval Horymír, šel na Vyšehrad ke Křesomyslovi a stěžoval _____, že jeho lidé utíkají do dolů.
3. Když _____ Horymír vrátil domů, našel své sídlo vypálené.
4. Horymír _____ pomstil, vypálil jejich sídlo, zabil jejich lidi a doly zničil.
5. Křesomysl _____ rozzlobil, zajal Horymíra a nechal ho přivést na Vyšehrad.
6. Před popravou _____ Křesomysl zeptal Horymíra, jaké je jeho poslední přání.
7. „Chtěl bych _____ naposled projet na svém koni Šemíkovi," řekl Horymír.
8. „Jeď," smál _____ Křesomysl, „kůň bez křídel ti stejně nepomůže."

5. Označte prefixy u následujících sloves. Diskutujte o jejich významu. Můžete u těchto sloves použít i jiné prefixy?
odcházet, vyhnat, vypálit, přivést, projet se, vyskočit, přeskočit, přeplavat, připomínat, objet

6. Doplňte slovesa ze cvičení 5 do vět ve správné formě.
1. Lidé nechtěli pracovat na poli a raději _____ hledat stříbro a zlato do dolů.
2. Ale Křesomysl miloval zlato a stříbro a Horymíra _____
3. Horymír se pomstil, _____ jejich sídlo, zabil jejich lidi a doly zničil.
4. Křesomysl se rozzlobil, zajal Horymíra a nechal ho _____ na Vyšehrad.
5. „Chtěl bych _____ naposled _____ na svém koni Šemíkovi," řekl Horymír.
6. Horymír na Šemíkovi třikrát _____ nádvoří Vyšehradu.
7. Kůň _____, jako by měl křídla, _____ hradby a skočil ze skály do řeky.
8. S úžasem ale viděli, že Šemík _____ řeku a nese Horymíra domů.
9. Na místě, kde je Šemík pohřbený, leží kámen s nápisem, který tuto legendu _____.

cvičení | Staré pověsti české a moravské

7. Vyprávějte příběh ještě jednou. Používejte tyto výrazy.
nechtít pracovat na poli
odcházet do dolů
stěžovat si Křesomyslovi
vyhnat Horymíra
vrátit se domů
najít sídlo vypálené
pomstít se a zničit doly
zajmout Horymíra
rozhodnout se, že Horymíra popraví
zeptat se na poslední přání
projet se na koni
vykřiknout
přeskočit hradby
skočit ze skály
přeplavat řeku

8. Vymyslete a napište dialog Křesomysla a Horymíra, když si Horymír přišel stěžovat.

9. Napište, co asi volali lidé, když viděli, že Šemík přeskočil hradby, skočil ze skály a plave přes řeku.

44   **adaptovaná** česká próza

Válka s Lučany

1. Povídejte si před čtením.
Kdy byla ve vaší zemi naposled válka? Jak dlouho žijete v míru?

2. Doplňte *Čech, Češka* a *Češi*.
1. Kníže Neklan a jeho bratranec Čestmír byli _____
2. Straba nebyl _____.
3. Strabova manželka byla _____.
4. Strabova nevlastní matka nebyla _____.

3. Doplňte, o kom se mluví.
▲ kníže Neklan ▲ kmen Lučanů ▲ Strabova manželka
▲ Strabova matka ▲ Neklanův bratranec Čestmír
1. _____ byla pořád smutná a zachmuřená
2. _____ byl mírný a bojácný
3. _____ byl bojovný
4. _____ uměla čarovat
5. _____ bojoval jako lev

4. Najděte a vypište slova s opačným významem.

válka mírný bojácný	veselý vyhrát mír
rozzuřený milovat smutný	bojovný nevlastní klidný
vlastní prohrát	nenávidět statečný

5. Co je/není pravda?
1. Kníže Neklan byl bojovný. ANO / NE
2. Lučané se rozhodli, že na Čechy zaútočí. ANO / NE
3. Straba byl muž z kmene Lučanů. ANO / NE
4. Straba nechtěl jít do boje s Čechy. ANO / NE
5. Strabova nevlastní matka řekla, že Lučané boj s Čechy prohrají. ANO / NE
6. Neklan nechtěl vést Čechy do boje, protože měl strach. ANO / NE
7. Čestmír nebyl Neklanův příbuzný. ANO / NE
8. Čestmír vedl Čechy do boje v přestrojení za Neklana. ANO / NE

9. Strabova manželka chtěla Strabu zabít.   ANO / NE
10. Když Lučané prohráli, zaútočili
    na Čechy znovu.   ANO / NE

6. Doplňte otázky

_____ začal v české zemi vládnout kníže Neklan? – Když Křesomysl zemřel.
_____ byl Neklan? – Mírný a bojácný.
_____ byl Straba? – Z kmene Lučanů.
_____ Straba velmi miloval? – Svoji manželku.
_____ byla jeho manželka? – Pořád smutná a zachmuřená.
_____ řekla Strabovi jeho nevlastní matka? – „Běda, třikrát běda! Lučané válku prohrají."
_____ nechtěl Neklan jít do boje? – Protože měl strach.
_____ vedl Čechy do boje v přestrojení za Neklana? – Jeho bratranec Čestmír.
_____ probodl Straba? – Prvního Čecha, který na něj zaútočil.
_____ jel Straba potom? – Zpátky domů.
_____ pohřbili Čestmíra? – S knížecími poctami.

7. Doplňte prepozice. Pak zkontrolujte v textu.

1. Neklan byl _____ rozdíl _____ Křesomysla mírný a bojácný.
2. Neměl rád boj a chtěl žít _____ míru. Měl však bojovného souseda, kmen Lučanů.
3. Lučané se rozhodli, že _____ Čechy zaútočí.
4. Jeden muž _____ kmene Lučanů se jmenoval Straba.
5. Také Straba se připravoval _____ boje s Čechy.
6. _____ odjezdem přišla jeho nevlastní matka, která uměla čarovat.
7. Řekla Strabovi: „Musíš probodnout prvního Čecha, který _____ tebe zaútočí."
8. Čestmír vyjel _____ nepříteli _____ přestrojení _____ Neklana.
9. Když Straba přišel _____ ženě, uviděl, že má _____ prsou krvavou ránu.
10. Čestmír byl pohřben _____ knížecími poctami.

8. Vymyslete k příběhu jiný konec.

46   **adaptovaná** česká próza

Svatý Václav a Blaník

1. Povídejte si před čtením.
Je ve vaší zemi nějaká hora, řeka nebo jiné místo, které má mystický význam? Proč to tak je?

2. Doplňte, o kom se mluví.
▲ Václav (2x) ▲ Ludmila ▲ Bořivoj ▲ rytíři
1. _____ je první historicky doložený kníže z rodu Přemyslovců.
2. _____ byla Bořivojova manželka.
3. _____ byl Ludmilin a Bořivojův vnuk.
4. _____ spí podle legendy v hoře Blaník.
5. _____ povede rytíře na pomoc české zemi, až bude zle.

3. Označte, co je správně.

1. První historicky doložený kníže z rodu Přemyslovců je
   a) Přemysl
   b) Neklan
   c) Bořivoj

2. Ludmila byla Václavova
   a) matka
   b) babička
   c) sestra

3. Ludmila a Václav se stali
   a) prvními českými vládci
   b) prvními českými prezidenty
   c) prvními českými svatými

4. Hora Blaník leží
   a) ve středních Čechách
   b) v jižních Čechách
   c) na Moravě

5. Podle pověsti spí v hoře
   a) rytíři
   b) Ludmila
   c) prostá vesnická dívka

6. Vojáci svatého Václava přijdou na pomoc
   a) až bude v zemi málo vody
   b) až bude v zemi hlad
   c) až bude v zemi zle

4. Hledejte odpovědi (A–J) na otázky (1–10).
1. Odkud známe Čecha, Kroka, Libuši, Přemysla, Křesomysla a Neklana?

cvičení | Staré pověsti české a moravské

2. Kdy se kníže Bořivoj se svou manželkou Ludmilou nechal pokřtít?
3. Jací byli Ludmila a Václav?
4. Proč je jejich příbuzní nechali zavraždit?
5. Co dělala prostá vesnická dívka blízko hory Blaník?
6. Proč šla dívka do hory s rytířem?
7. Co dívka udělala v hoře?
8. Co dal rytíř dívce za odměnu do koše?
9. Co si o dívce mysleli její příbuzní?
10. Co našla dívka, když se doma podívala do koše?

A. Smetí.
B. Báli se jejich vlivu.
C. Rytíř měl pro ni práci.
D. Pracovala na poli.
E. Že je mrtvá.
F. Tři zlaté peníze.
G. V roce 874
H. Zametla a uklidila.
I. Z legend.
J. Zbožní a laskaví.

5. Vypište imperfektivní/perfektivní páry sloves.
~~vyjít~~ přijít uklízet křtít stát se pokřtít dát vraždit zjistit stávat se zavraždit přicházet uklidit dávat zjišťovat ~~vycházet~~
1. vycházet / vyjít
2. _____ / _____
3. _____ / _____
4. _____ / _____
5. _____ / _____
6. _____ / _____
7. _____ / _____
8. _____ / _____

6. Doplňte do vět vhodná slovesa z předchozího cvičení. Pak zkontrolujte v textu.
1. V roce 874 se spolu se svou manželkou Ludmilou nechali _____.

2. Václavova matka a bratr nechali Ludmilu a později i Václava _____.

adaptovaná česká próza

3. Kněžna Ludmila a kníže Václav _____ prvními českými svatými.
4. Až bude v české zemi zle, rytíři _____ na pomoc.
5. Dívka rychle zametla a _____ celý sál.
6. Když chtěla odejít, přišel k ní rytíř a _____ ji do koše smetí.
7. Dívka _____ z hory a zlostně smetí vysypala.
8. Když přišla domů, _____, že byla pryč celý rok.

7. Vyprávějte příběh ještě jednou. Používejte tyto výrazy.
pracovat na poli
rytíř
nebát se
jít
zamést a uklidit
dát dívce odměnu
vysypat smetí
jít domů
překvapení
najít na dně koše tři zlaté peníze

8. Vyprávějte příběh tak, jak by ho vyprávěla dívka.

9. Vymyslete a napište dialog, kde mluví dívka se svou rodinou po návratu z hory.

Svatopluk a jeho synové

1. Povídejte si před čtením.
   Kolik máte sourozenců? Hádáte se někdy spolu?
   Proč se obvykle sourozenci hádají?

2. Doplňte -ova, -ovo, -ovi.
   1. Svatopluk _____ říše
   2. Svatopluk _____ synové
   3. Svatopluk _____ smrt
   4. Svatopluk _____ rada

3. Označte, co je správně.

1. Svatoplukova říše se jmenovala
   a) Velká Morava
   b) Velké Česko
   c) Velké Českomoravsko

2. Svatopluk byl
   a) mírný a bojácný
   b) silný a mocný
   c) moudrý a spravedlivý

3. Svatopluk měl
   a) dva syny
   b) čtyři syny
   c) tři syny

4. Svatopluk řekl, že rozhodovat bude
   a) nejstarší syn
   b) nejmladší syn
   c) prostřední syn

5. Synové nemohli zlomit
   a) dva svázané pruty
   b) tři svázané pruty
   c) čtyři svázané pruty

6. Synové zlomili
   a) dva svázané pruty
   b) tři svázané pruty
   c) jeden prut

7. Synové žili ve svornosti a lásce
   a) dlouhou dobu
   b) tři sta let
   c) jenom nějaký čas

8. Svatoplukova říše
   a) se rozpadla
   b) nikdy neexistovala
   c) existuje ještě dnes

adaptovaná česká próza

4. Určete pád označených výrazů. Pak doplňte nominativ sg.

	pád	nominativ sg.
žil v *devátém století*		
každému synovi dal *jednu část*		
nechal přinést tři *svázané pruty*		
žít ve *svornosti*		
nikdo a nic *vaši sílu* nezlomí		
poslouchat *nejstaršího bratra*		
pamatovali na *jeho radu*		

5. Vypište imperfektivní/perfektivní páry sloves.

~~porazit~~ poslechnout rozhodnout rozpadat se přijít volat zavolat přinášet ~~porážet~~ rozdělovat rozhodovat rozpadnout se přicházet přinést poslouchat rozdělit

1. porážet / porazit
2. _____ / _____
3. _____ / _____
4. _____ / _____
5. _____ / _____
6. _____ / _____
7. _____ / _____
8. _____ / _____

6. Doplňte do vět vhodná slovesa z předchozího cvičení. Pak zkontrolujte v textu.

1. Když _____ jeho čas a Svatopluk cítil, že umírá, _____ své tři syny.
2. _____ říši spravedlivě na tři části a každému synovi dal jednu část.
3. Nejstaršímu synovi ale řekl: „Ty budeš vládce a kníže a budeš o všem _____!"

4. Tvoji bratři tě musí ——————————————.
5. Pak nechal ————————————— tři svázané silné pruty.
6. Když budete žít ve svornosti, v lásce a míru, nepřítel vás ————————————.
7. Pak ale mezi nimi začaly hádky a boje a Svatoplukova říše ————————————.

7. Vyprávějte příběh ještě jednou. Používejte tyto výrazy.
silný a mocný vládce
vládnout říši
zavolat tři syny
rozdělit říši na tři části
říct nejstaršímu synovi
nechat přinést svázané pruty
zkusit zlomit
žít ve svornosti lásce a míru
porazit
rozpadnout se

8. Vymyslete k příběhu jiný konec.

Král Ječmínek

1. Povídejte si před čtením.
  1. Kde se ve vaší zemi obvykle rodí děti? Doma, nebo v porodnici?
  2. Znáte někoho, kdo se narodil někde jinde než doma nebo v porodnici?

2. Spojte výrazy s opačným významem. Pak je použijte ve větách.

rozzuřit se	střízlivý muž
hlučná zábava	uklidnit se
bílá růže	staré daně
lehkomyslný člověk	spolehlivý člověk
mluvit hrubě	nízký ječmen
nové daně	tichá zábava
vysoký ječmen	mluvit slušně
opilý muž	černá růže

3. Doplňte, kdo to byl nebo dělal.

▲ pán z Chropyně ▲ paní z Chropyně ▲ šlechtici ▲ Ječmínek ▲ lidé

_____ se dlouho radili a jako vládce vybrali pána z hradu Chropyně.

_____ byl hodný, ale lehkomyslný člověk.

_____ ho zvali na hostiny a dávali mu dary.

_____ museli platit nové daně.

_____ manželovi domlouvala a prosila ho, aby lidem nedával nové daně.

_____ se rozzuřil, vzal meč a vyhnal manželku pryč z hradu.

_____ utíkala k poli, na kterém rostl vysoký ječmen, a tam se schovala.

_____ se narodil na poli s ječmenem.

_____ vyrostl u chudé rodiny.

_____ pánovi neprozradili, kde paní a Ječmínek jsou.

_____ do smrti žil jako mnich a litoval toho, co udělal.

_____ věřili, že se chlapec, který se narodil na poli s ječmenem a vyrostl v chudé chalupě, jednou vrátí na Moravu jako její moudrý a laskavý vládce, král Ječmínek.

4. Seřaďte příběh (1–12).

___ Byl to hodný, ale lehkomyslný člověk.

___ Ubohá paní utíkala k poli, na kterém rostl vysoký ječmen, a tam se schovala.

___ Podle této legendy se každý rok na Moravě na Hané konají folklorní slavnosti, takzvané Jízdy králů.

___ Pán do smrti litoval toho, co udělal.

___ Jeho manželka, tichá a laskavá paní, mu domlouvala, ale opilý muž jí hrubě vynadal.

___ Šlechtici se dlouho radili a pak vybrali pána z hradu Chropyně.

1. Jeden čas zůstala Morava bez vládce.

___ Za nějaký čas se pán dověděl, že v ječmeni porodila syna a žije u nějaké chudé rodiny.

___ Jednou se tak rozzuřil, že vzal meč a vyhnal ji pryč z hradu.

___ Nikdy se už nevrátila.

___ Zvykl si na to, a když se vrátil domů, hlučná zábava mu chyběla.

___ Lidé od té doby věřili, že se chlapec jednou vrátí na Moravu jako král Ječmínek.

5. Doplňte prepozice. Pak zkontrolujte v textu.

1. Jeden čas zůstala Morava _____ vládce.
2. Zvykl si _____ to, a když se vrátil domů, hlučná zábava mu chyběla.
3. Ubohá paní utíkala _____ poli, _____ kterém rostl vysoký ječmen, a tam se schovala.
4. Za nějaký čas se pán dověděl, že _____ ječmeni porodila syna a žije _____ nějaké chudé rodiny.
5. Pán ji nechal hledat _____ celé Moravě, ale nikdo neprozradil, kde je.
6. Lidé _____ té doby věřili, že se chlapec, který se narodil _____ poli s ječmenem a vyrostl _____ chudé chalupě, jednou vrátí _____ Moravu jako její moudrý a laskavý vládce, král Ječmínek.

adaptovaná česká próza

7. _____ této legendy se každý rok _____ Moravě konají folklorní slavnosti, takzvané Jízdy králů.
8. Král je mladý chlapec, který jede _____ koni vesnicí.

6. Vyprávějte příběh ještě jednou. Používejte tyto výrazy.
zůstat bez vládce
vybrat pána z hradu Chropyně
zvát na hostiny
platit nové daně
domlouvat manželovi
vyhnat manželku z hradu
schovat se na poli s ječmenem
narodit se
hledat po celé Moravě
žít jako mnich
vyrůst v chudé rodině
přijít jako nový král

7. Vymyslete k příběhu jiný konec.

Cvičení k celé knize

1. Kdo to byl? Doplňte jméno.

▲ Libuše ▲ Vlasta ▲ Neklan ▲ Svatopluk ▲ Ludmila a Václav
▲ pán z Chropyně

_____ byla nejsilnější z žen.
_____ byl hodný, ale lehkomyslný.
_____ byla moudrá a spravedlivá.
_____ byl mírný a bojácný.
_____ byli zbožní a laskaví.
_____ byl silný a mocný.

2. Co dělal/a? Doplňte jméno.

▲ Libuše ▲ Vlasta ▲ Neklan ▲ Šárka ▲ Křesomysl ▲ Svatopluk
▲ Bivoj ▲ pán z Chropyně ▲ Horymír ▲ blaničtí rytíři ▲ Čech
▲ Ječmínek

_____ miloval stříbro a zlato.
_____ měl koně Šemíka.
_____ měla po Ctiradově smrti výčitky svědomí.
_____ vyšel na horu Říp.
_____ se narodil na poli s ječmenem.
_____ si zvykl na hlučnou zábavu.
_____ se bál bojovat s Lučany.
_____ nenáviděla muže.
_____ prorokovala slávu Prahy.
_____ rozdělil říši na tři části.
_____ přijdou české zemi na pomoc.
_____ zabil divokého kance.

3. Doplňte -ův, -ova, -ovo, -ovi (mužská jména) nebo -in, -ina, -ino, -iny (ženská jména).

mužská jména

Bivoj _____ manželka Kazi
Horymír _____ kůň Šemík
Křesomysl _____ zlato a stříbro
Neklan _____ bratranec Čestmír
Václav _____ rytíři
Svatopluk _____ tři synové

Ječmínk _____ zlý otec
Ječmínk _____ hodná matka

ženská jména
Libuš _____ bílý kůň
Libuš _____ sestra Kazi
Libuš _____ proroctví
Kaz _____ hrad Kazín
Kaz _____ manžel Bivoj
Šárč _____ džbán s medovinou
Šárč _____ údolí
Vlast _____ dívky

4. O kom jsou pověsti? Doplňte lokál sg.
mužská jména
Čech – o _____
Přemysl – o _____
Bivoj – o _____
Horymír – o _____
Neklan – o _____
Václav – o _____
Svatopluk – o _____
Ječmínek – o _____

ženská jména
Libuše – o _____
Šárka – o _____
Vlasta – o _____

Která pověst se vám nejvíc líbila? Proč?
Například: Nejvíc se mi líbila pověst o Libuši, protože...

SLOVNÍČEK

ZKRATKY A SYMBOLY · ABBREVIATIONS AND SYMBOLS · ABKÜRZUNGEN UND SYMBOLE · СОКРАЩЕНИЯ И СИМВОЛЫ

*	verbs with stem changes in the present tense conjugation (-E conjugation), e.g. **číst***, **čtu** to read, I read	Verb mit unregelmäßiger Konjugation (z.B. **číst**, **čtu** * lesen, ich lese)	глагол с изменением в корне в настоящем времени (-Е спряжение), напр. **číst***, **čtu** читать, я читаю
e	the mobile -e- (e.g. **den** day, **dny** days)	bewegliches -e- (z.B. **den** der Tag, **dny** die Tage)	беглое -е- (напр. **den** день, **dny** дни)
pl.	plural	Plural (Mehrzahl)	множественное число, мн. число
pf.	perfective verb (expressing the result of an activity) or the action at a certain specific moment	Vollendetes Verb (das Ergebnis eines Vorganges oder einen bestimmten Augenblick des Vorganges ausdrückend)	глагол совершенного вида
N	nominative	Nominativ	именительный падеж, им.падеж
G	genitive	Genitiv	родительный падеж, род.падеж
D	dative	Dativ	дательный падеж, дат.падеж
A	accusative	Akkusativ	винительный падеж, вин.падеж
V	vocative	Vokativ	звательный падеж, зв.падеж
L	locative	Lokativ	предложный падеж, пред.падеж
I	instrumental	Instrumental	творительный падеж, тв.падеж
Ma	masculine animate gender	Maskulinum belebt	мужской род одушевленный
Mi	masculine inanimate gender	Maskulinum unbelebt	мужской род неодушевленный
F	feminine gender	Femininum	женский род
N	neuter gender	Neutrum	средний род

adaptovaná česká próza

ÚVOD · INTRODUCTION · EINLEITUNG · ВВЕДЕНИЕ

ČESKY	ANGLICKY	NĚMECKY	RUSKY
další	other, next	weitere	следующий
devatenáctý	nineteenth	neunzehnte	девятнадцатый
dílo, G: děl	work	Werk	произведение
doba	time, period	Zeit	период, время
doplnit pf.	to complete	ergänzen	дополнить
dvanáctý	twelfth	zwölfte	двенадцатый
hudební	musical	musikalisch, Musik-	музыкальный
i	and, and even	sowie	и
inspirace	inspiration	Inspiration	вдохновение
kněz	priest	Priester, Geistlicher	священник, батюшка
kostel	church	Kirche	костел
legenda	legend	Legende	миф, легенда, сказание
mnoho	many	viel	много
obraz	picture	Bild	картина
podle + G	after, according to	nach, gemäß	согласно (чему), по
pocházet	to come from	stammen, kommen aus	происходить, быть родом
pověst	tale, story	Sage, Legende	сказание, предание
později	later	später	позже
především	primarily	vor allem	прежде всего
přepracovat pf.	to rework	überarbeiten	переработать
rozšířit pf.	to extend, expand	verbreiten	расширить
sepsat*, sepíšu pf.	to compile I'll compile	aufschreiben, ich schreibe auf/werde aufschreiben	составить, описать
socha	statue	Statue	скульптура
stařec, G: starců	old man	Greis	старик
stát se*, stanu se + I pf.	to become I'll become	werden, ich werde	стать/случиться, я стану
století	century	Jahrhundert	век
většina	most, majority	Mehrheit	большинство
vyprávění	story, narration	Erzählung	повествование, рассказ
vyšehradský	Vyšehrad (adj.)	Vyšehrader	вышеградский

slovníček | Staré pověsti české a moravské

PRAOTEC ČECH · URVATER ČECH · FOREFATHER CZECH · ПРАОТЕЦ ЧЕХ

ČESKY	ANGLICKY	NĚMECKY	RUSKY
boj	fight, struggle	Kampf	борьба
bůh *D:* bohům	god	Gott	бог
děkovat + D	to thank	danken	благодарить
doba	time, period	Zeit	период, время
dojít*, dojdu *pf.*	to arrive	ankommen, ich komme an/ werde ankommen	дойти, я дойду
hádky o + A	argument	Streite über	ссора, спор из-за
hora	mountain, hill	Berg	гора
jménem	by the name of	mit dem Namen	именем, имени
kdysi	once	einst	когда-то
když	when	als	когда, если
koza	goat	Ziege	коза
krajina	landscape, country	Landschaft	местность, пейзаж
kráva	cow	Kuh	корова
lidé, lidi	people	Menschen	люди
majetek	property	Besitz	имущество
med	honey	Honig	мед
mezi	between, among	zwischen	между, среди
mléko	milk	Milch	молоко
mnoho	many	viel	много
odpočívat	to rest	sich ausruhen	отдыхать
oheň	fire	Feuer	огонь
ovce	sheep	Schaf	овца
plný	full	voll	полный
po + L	after	*hier:* nach (einiger Zeit)	после, спустя
podívat se *pf.*	to look	sich umschauen	посмотреть
podle + G	according to	*hier:* nach (dir)	согласно, по
políbit *pf.*	to kiss	küssen	поцеловать
praotec	forefather, patriarch	Urvater	праотец, основатель, создатель
půda	land, soil	Erde, Boden	земля

62   **adaptovaná** česká próza

ČESKY	ANGLICKY	NĚMECKY	RUSKY
rozhodnout* se, rozhodnu se *pf.*	to decide, I'll decide	sich entscheiden, ich entscheide mich/werde mich entscheiden	решить(ся), я решу(сь)
řeka	river	Fluss	река
sehnat*, seženu *pf.*	round up	beschaffen, ich beschaffe/werde beschaffen	добыть/достать, я достану
Slovan, Slované	Slav	Slawe, Slawen	славянин, славяне
slunce	sun	Sonne	солнце
svolat *pf.*	to call together, convene	zusammenrufen	созвать
těžký	difficult	schwer	тяжелый
umřít*, umřu *pf.*	to die	sterben, ich sterbe/werde sterben	умереть, я умру
území	land, territory	Gebiet	территория
vlast	homeland	Heimat	родина
volat	to call	rufen	звать, кричать
všichni	all	alle	все
vycházet	to rise	gehen	восходить, выходить
vyjít*, vyjdu *pf.*	to climb, ascend, I'll climb, ascend	(hinaus-) gehen, ich gehe/werde gehen	выйти, я выйду
začít*, začnu *pf.*	to begin, to start, I'll begin, start	anfangen, ich fange an/werde anfangen	начать, я начну
zaslíbený	promised	gelobt	желанный
zastavit se *pf.*	to stop, halt	anhalten	остановиться
země	ground, land	Land	страна, земля
zvíře	animal	Tier	животное
žít*, žiju	to live	leben, ich lebe	жить, я живу

slovníček | Staré pověsti české a moravské

LIBUŠINO PROROCTVÍ · DIE PROPHEZEIUNG DER LIBUŠE · LIBUŠE'S PROPHECY · ПРОРОЧЕСТВО ЛИБУШЕ

ČESKY	ANGLICKY	NĚMECKY	RUSKY
budoucnost	future	Zukunft	будущее
celý	entire	ganz	весь
člověk	person	Mensch	человек
dotýkat se + G	to touch	berühren	касаться
dům, G: domu	house	Haus	дом
dveře *jenom pl.*	door	Tür	дверь, двери
hlava	head	Kopf	голова
hrad	castle	Burg	замок, кремль
hvězda	star	Stern	звезда
jděte *imperativ*	go!	Geht! Gehen Sie!	идите!
jednou	once	einmal	однажды
každý	each, every	jeder	каждый
krajina	landscape, country	Landschaft	местность, пейзаж
les	forest, wood	Wald	лес
místo	place	Ort, Platz	место
moudrý	wise	weise, klug	мудрый
nad + I, A	above	über	над
nazvat*, nazvu *pf.*	to call, name I'll call, name	nennen, ich nenne /werde nennen	назвать, я назову
nejkrásnější	most beautiful	schönste	самый красивый
nejmladší	youngest	jüngste	самый младший
otec	father	Vater	отец
po + L	after	*hier:* nach (dem Tod)	после
po celém světě	all over the world	in der ganzen Welt	во всем мире
postavit *pf.*	to build	(er-)bauen	построить
práh	threshold	(Tür-)Schwelle	порог
proroctví	prophecy	Prophezeihung	пророчество
prorokovat	to prophesize, foretell	prophezeihen, voraussagen	предсказывать
sídlo	seat,	Sitz	резиденция, место
skála	rock, cliff	Fels	скала
sklonit *pf.*	to bow	neigen, beugen	склонить
sláva	glory	Ruhm, Pracht	слава
smrt	death	Tod	смерть

adaptovaná česká próza

ČESKY	ANGLICKY	NĚMECKY	RUSKY
spravedlivý	just, fair	gerecht	справедливый
stát se*, stanu se + I pf.	to become, I'll become	werden, ich werde	стать/случиться, я стану
stát, stojím	to stand	stehen, ich stehe	стоять, я стою
svět	world	Welt	мир, свет
tesat	hew, carve	meißeln	тесать
veliký	great, large	groß	большой, значительный, великий
vládce	master, prince	Herrscher	правитель, владыка
vládnout*, vládnu	to rule	herrschen, ich herrsche	править, я правлю
začít*, začnu pf.	to begin, start, I'll begin, start	anfangen, ich fange an/ werde anfangen	начать, я начну
země	country, land	Land	страна, земля
zemřít*, zemřu pf.	to die, I'll die	sterben, ich sterbe/ werde sterben	умереть, я умру
známý	famous, well-known	bekannt	известный

LIBUŠE A PŘEMYSL · LIBUŠE UND PŘEMYSL · LIBUŠE AND PŘEMYSL · ЛИБУШЕ И ПРШЕМЫСЛ

ČESKY	ANGLICKY	NĚMECKY	RUSKY
běda	woe	wehe	горе, беда
budoucí	future	zukünftig	будущий
císař	emperor	Kaiser	император
dlouhý	long	lang	долгий, длинный
dovést*, dovedu pf.	to lead, I'll lead	führen, ich führe/ werde führen	довести, привести
hádat se o + A	to argue over	sich streiten um	ругаться, ссориться из-за
chovat se	to behave	sich verhalten	вести себя
jednou	once	einmal	однажды
k + D	to	zu	к
král	king	König	король
krátký	short	kurz	короткий
křičet	to cry, shout	schreien	кричать
kůň	horse	Pferd	лошадь
legenda	legend	Legende	миф, легенда, сказание
majetek	property	Besitz	имущество
matka	mother	Mutter	мать
mocný	powerful	mächtig	могущественный, сильный
muž	man	Mann	мужчина, муж
najít*, najdu pf.	to find, I'll find	finden, ich finde/ werde finden	найти, я найду
orat	to plough	pflügen	пахать, вспахивать
podle	according to	hier: laut (der Legende)	согласно, по
pole	field	Feld	поле
poslední	last	letzte	последний
prohrát*, prohraju pf.	to lose, I'll lose	verlieren, ich verliere/werde verlieren	проиграть, я проиграю
přijít, přijdu pf.	to come, I'll come	kommen, ich komme/werde kommen	прийти, я приду
přísný	strict, stern	streng	строгий, суровый
rod	dynasty, family	Geschlecht	род

adaptovaná česká próza

ČESKY	ANGLICKY	NĚMECKY	RUSKY
rozhodnout*, rozhodnu *pf.*	to decide, I'll decide	entscheiden, ich entscheide/ werde entscheiden	решить, я решу
rozum	reason, intellect	Verstand	разум
římský	Roman	römisch	римский
slavný	glorious	bekannt, berühmt	известный, знаменитый
spravedlivě	justly, fairly	gerecht	справедливо, по справедливости
vesnice	village	Dorf	деревня
vládce	master, prince	Herrscher	правитель
vlasy *pl.*	hair	Haare	волосы
začít*, začnu *pf.*	to begin, start, I'll begin, start	anfangen, ich fange an/werde anfangen	начать, я начну
země	country, land	Land	страна
žena	woman	Frau	женщина, жена

slovníček | Staré pověsti české a moravské

ČESKY	ANGLICKY	NĚMECKY	RUSKY
ani	not even	nicht einmal	даже, даже не
až	until, up to	bis	когда, аж
brána	gate	Tor	ворота
bylina	herb	Kraut	трава
cesta	way, path, road	Weg, Reise	дорога
čarovat	to perform magic	zaubern, hexen	колдовать, чародействовать
díky + D	thanks to	danke	благодаря чему
dítě, pl. děti	child	Kind	ребенок, дети
divoký	wild	wild	дикий
dlouho	for a long time	lange	долго
doprovodit	to accompany	begleiten	сопроводить, проводить
hadí	snake's	Schlangen-	змеиный
hluk	noise	Lärm	шум
hodit	to throw	werfen	бросить
hrdina	hero	Held	герой
chytit pf.	to catch	fangen	поймать
jednou	once	einmal	однажды
kanec	boar	Eber	кабан
kolem	around	ringsherum	мимо, вокруг, рядом
kouzelný	magic	magisch	волшебный
křik	shouting	Geschrei	крик
léčivý	healing, medicinal	heilsam	лечебный
mladík	young man, youth	ein junger Mann	юноша, парень
nádvoří	courtyard	Innenhof	внутренний двор (замка)
najednou	suddenly	auf einmal	вдруг, внезапно
navrhnout, navrhnu pf.	to suggest, I'll suggest	vorschlagen, ich schlage vor/werde vorschlagen	предложить, я предложу
několik	several	einige	несколько
ničit	to destroy	zerstören	уничтожать
nikdy	never	nie	никогда
odměna	reward	Belohnung	вознаграждение, премия

adaptovaná česká próza

ČESKY	ANGLICKY	NĚMECKY	RUSKY
oslava	celebration	Feier	торжество, чествование
otec	father	Vater	отец
pás	belt	Gürtel	пояс
patřit + D	to belong to	gehören	принадлежать, относиться
poděkovat *pf.*	to thank	danken	поблагодарить
pochválit *pf.*	to praise	loben	похвалить
pokračovat	to continue, carry on	hier: weitergehen	продолжать(ся)
pole	field	Feld	поле
pomoct, pomůžu *pf.*	to help, I'll help	helfen, ich helfe/ werde helfen	помочь, я помогу
pozdravit *pf.*	to greet	grüßen	(по)приветствовать
pozvat, pozvu *pf.*	to invite	einladen, ich lade ein/werde einladen	позвать, я позову
procházka	walk	Spaziergang	прогулка
před + I	in front of	vor	перед
přímo	straight, directly	direkt	прямо
přinést, přinesu *pf.*	to bring, I'll bring	(mit-)bringen, ich bringe/werde bringen	принести, я принесу
radovat se	to rejoice	sich freuen	радоваться
sám	alone	allein	сам, один
stát se + I	to become	werden	стать, случиться
stát, stojím	to stand, I stand	stehen, ich stehe	стоять, я стою
tam	there	fort	там
temný	dark	dunkel, düster	темный
úroda	crop	Ernte	урожай
vcházet	to enter	hineingehen	входить
vrátit se *pf.*	to return	zurückkehren	вернуться
vykřiknout, vykřiknu *pf.*	to shout out, I'll shout out	aufschreien	выкрикнуть, я выкрикну
zabít*, zabiju *pf.*	to kill, I'll kill	töten, ich töte/ werde töten	убить, я убью
zabloudit *pf.*	to get lost, go astray	sich verirren	заблудиться

slovníček | Staré pověsti české a moravské

ČESKY	ANGLICKY	NĚMECKY	RUSKY
záda, na zádech	back, on the back	Rücken, auf dem Rücken	спина, на спине
zahrada	garden	Garten	сад
zašitý	sewn	eingenäht	зашитый, вшитый
zlý	bad, evil	böse	злой, плохой
zub	tooth	Zahn	зуб
živý	live, living	lebendig	живой

DÍVČÍ VÁLKA · DER MÄDCHENKRIEG · THE MAIDENS' WAR · ДЕВИЧЬЯ ВОЙНА

ČESKY	ANGLICKY	NĚMECKY	RUSKY
boj	fight, struggle	Kampf	борьба
bojovat	to fight	kämpfen	бороться
brát*, beru	to take, I take	nehmen, ich nehme	брать, я беру
další	other, next	weitere	следующий
dívčí	girl's, maiden's	Mädchen-	девичий
dívka	girl, maiden	Mädchen	девушка
dřív, dříve	earlier, in the past	früher	раньше
džbán	jug	Krug	кувшин
les	forest, wood	Wald	лес
lest	trick, ruse	Hinterlist	хитрость, коварство, западня
lvice	lioness	Löwin	львица
medovina	mead	Honigwein	медовуха
najednou	suddenly	auf einmal	вдруг, внезапно
naplánovat *pf.*	to plan	planen	спланировать, запланировать
nejdřív	first	zuerst	сначала, раньше всего
nejsilnější	strongest	stärkste	самый сильный
nenávidět	to hate	hassen	ненавидеть
nespokojený	dissatisfied	unzufrieden	недовольный
odvázat*, odvážu *pf.*	to untie, I'll untie	losbinden, ich binde los	отвязать, я отвяжу
ovce	sheep	Schaf	овца
památka	memory	Andenken	память, реликвия, памятник
pláč	weeping	Weinen	плач
pomoc	help	Hilfe	помощь
pomstít *pf.*	to avenge	rächen	отомстить
porazit *pf.*	to defeat	besiegen, schlagen	победить
posmívat se + D	to mock	spotten	насмехаться, издеваться
postavit *pf.*	to build	(er-)bauen	построить
proti	against	gegen	против, напротив
přes	across, through	durch	через
příběh	story, tale	Geschichte	история, рассказ
přivázat*, přivážu *pf.*	to tie, I'll tie	anbinden, ich binde an	привязать, я привяжу

slovníček | Staré pověsti české a moravské

ČESKY	ANGLICKY	NĚMECKY	RUSKY
přivolat *pf.*	to call, send for	herbeirufen	призвать, навлечь, вызвать
roh	horn	Horn (Instrument)	угол
signál	signal	Zeichen, Signal	сигнал
skála	rock, cliff	Fels	скала
skočit *pf.*	to jump	springen	прыгнуть, броситься
společně	together	gemeinsam	вместе, совместно
stát se*, stanu se *pf.*	to become	geschehen	стать, случиться
strom	tree	Baum	дерево
svědomí	conscience	Gewissen	сознание
svolat *pf.*	to call together, convene	zusammenrufen	созвать
údolí	valley	Tal	долина
uslyšet *pf.*	to hear	hören	услышать
válka	war	Krieg	война
vážit si + G	to appreciate	würdigen, achten	уважать, ценить
vážně	seriously	ernst	серьезно
vedle	nearby	neben	рядом, помимо
vládkyně	mistress, princess	Herrscherin	владычица, правительница
vládnout*, vládnu	to rule, I rule	herrschen, ich herrsche	править, повелевать
výčitka	reproach	Vorwurf	укор, упрек
výčitky svědomí	pangs of conscience	Gewissensbisse	угрызения совести
vypít*, vypiju *pf.*	to empty, drain	austrinken	выпить
vyprávět	to narrate, tell	erzählen	рассказывать
zabíjet	to kill	umbringen	убивать
zachránit *pf.*	to rescue, save	retten	спасти
zamilovat se do + G	to fall in love with	sich verlieben in	влюбиться в
zatroubit na + A *pf.*	to blow, sound	trompeten, blasen	затрубить в
zbořit *pf.*	to demolish	niederreißen	разрушить, сломать
zemřít*, zemřu *pf.*	to die, I'll die	sterben	умереть, я умру
zvuk	sound	Klang, Ton	звук

ČESKY	ANGLICKY	NĚMECKY	RUSKY
běžet	to run	laufen, rennen	бежать
doba	period, time	Zeit	время, период
důl, *pl.* doly	mine	Mine, Grube	шахта
hradba	rampart	Mauer	(крепостная) стена, укрепление
kámen	rock	Stein	камень
kníže	prince	Fürst	князь
křídlo	wing	Flügel	крыло
kůň	horse	Pferd	лошадь
majitel	owner	Besitzer	владелец
milost	mercy	Gnade	милость, помилование, благосклонность
mrtvý	dead	tot	мертвый
nádvoří	courtyard	Innenhof	внутренний двор (за́мка)
najít*, najdu *pf.*	to find, I'll find	finden, ich finde/ werde finden	найти, я найду
nápis	inscription	Inschrift	надпись
naposled	for the last time	zum letzten Mal	в последний раз
nést*, nesu	to carry, I carry	tragen, ich trage/ werde tragen	нести, я несу
objet*, objedu *pf.*	to go round, I'll go round	*hier:* reiten durch, ich reite durch/ werde reiten durch	объехать, я объеду
odcházet	to leave	weggehen	уходить
pohřbený	buried	begraben	похороненный
pole	field	Feld	поле
pomník	memorial	Denkmal	памятник
pomstít se *pf.*	to take revenge	sich rächen	отомстить
poprava	execution	Hinrichtung	казнь
popravit *pf.*	to execute	hinrichten	казнить
potřetí	for the third time	zum dritten Mal	в третий раз
projet se*, projedu se *pf.*	to go for a ride, I'll go for a ride	*hier:* reiten, ich reite/werde reiten	проехать(ся), я проеду(сь)
přání	wish	Wunsch	желание

slovníček | Staré pověsti české a moravské

ČESKY	ANGLICKY	NĚMECKY	RUSKY
přeplavat*, přeplavu pf.	to swim across, I'll swim across	durchschwimmen	переплыть, я переплыву
přeskočit pf.	to jump over	springen über	перескочить
připomínat	to commemorate	erinnern	напоминать
přivést*, přivedu pf.	to bring sb., I'll bring sb.	bringen, ich bringe/ werde bringen	привести, я приведу
raději	rather, preferably	lieber	лучше, с бо́льшим удовольствием
rozhodnout se*, rozhodnu se pf.	to decide, I'll decide	sich entscheiden, ich entscheide mich/werde mich entscheiden	решить(ся), я решу(сь)
rozzlobit se pf.	to get angry	sich ärgern	рассердиться
skála	rock, cliff	Fels	скала
skočit pf.	to jump	springen	прыгнуть
smát se*, směju se	to laugh, I laugh	lachen, ich lache	смеяться, я смеюсь
stěžovat si	to complain	sich beschweren	жаловаться
stříbro	silver	Silber	серебро
šlechtic	nobleman	Adeliger, Edelmann	дворянин, аристократ
utíkat	to make off, escape	weglaufen	убегать
úžas	astonishment	Erstaunen	изумление, удивление
věrný	faithful	treu	верный
vládnout*, vládnu	to rule, I rule	herrschen, ich herrsche	править, я правлю
vrátit se pf.	to return	zurückkehren	вернуться
však	however	jedoch	однако
dlouho	for a long time	lange	долго
vyhnat*, vyženu pf.	to drive away, I'll drive away	vertreiben, ich vertreibe, werde vertreiben	выгнать/ прогнать, я выгоню
vykřiknout*, vykřiknu pf.	to exclaim, I'll exclaim	ausrufen, ich rufe aus/ werde ausrufen	выкрикнуть, я выкрикну
vypálený	burnt down	verbrannt	выжженный, обожженный
vypálit pf.	to burn down	verbrennen	выжечь

adaptovaná česká próza

ČESKY	ANGLICKY	NĚMECKY	RUSKY
vyskočit *pf.*	to jump up	springen	выскочить
vzhůru	up	wach	вверх, наверх
zajmout*, zajmu *pf.*	to capture, I'll capture	festnehmen	взять в плен, возьму в плен
zeptat se *pf.*	to ask	fragen	спросить
zlato	gold	Gold	золото
změnit se *pf.*	to change	sich ändern	измениться

VÁLKA S LUČANY · DER KRIEG GEGEN DIE LUTSCHANEN · WAR WITH THE LUČANS · ЛУЧАНСКАЯ ВОЙНА

ČESKY	ANGLICKY	NĚMECKY	RUSKY
běda	woe	wehe	горе, беда
boj	fighting, struggle	Kampf	борьба
bojácný	timid	ängstlich	боязливый, пугливый
bojovník	warrior, fighter	Kämpfer	борец
bojovný	combative	kämpferisch, kampfeslustig	боевой
bratranec	cousin	Cousin	двоюродный брат
čarovat	perform magic	zaubern, hexen	колдовать
hrůza	horror	Entsetzen	ужас
chmurně	gloomily	finster, düster	хмуро, угрюмо
kmen	tribe	Stamm	племя, основа, ствол
kníže	prince	Fürst	князь
kořist	plunder	Beute	добыча, трофей
krvavý	bloody	blutig	кровавый
lev	lion	Löwe	лев
matka	mother	Mutter	мать
meč	sword	Schwert	меч
mír	peace	Frieden	мир
mírný	peaceful	gemäßigt, mild	мирный
místo + G	instead of	statt, anstelle von	вместо
mít strach	to be afraid	Angst haben	бояться
na rozdíl od + G	as opposed to	im Unterschied zu	в отличие от
nepřítel	enemy, foe	Feind	враг
nevlastní	step-	Stief-	неродной, сводный
odjezd	departure	Abreise	отъезд
odpovědět *pf.*	to answer	antworten	ответить
pocta	honour	Ehre	почесть, уважение
pohřbít *pf.*	to bury	beerdigen	похоронить
probodnout*, probodnu *pf.*	to stab, I'll stab	erstechen, ich ersteche/werde erstechen	проколоть/проткнуть, я проткну

adaptovaná česká próza

ČESKY	ANGLICKY	NĚMECKY	RUSKY
prohrát*, prohraju pf.	to lose, I'll lose	verlieren, ich verliere/werde verlieren	проиграть, я проиграю
proti + D	against	gegen	против
prsa (jenom pl.)	breast	Brust	грудь
prý	allegedly, they say	angeblich	говорят, вроде бы
přemlouvat	to persuade	überreden	уговаривать
přestrojení	disguise	Verkleidung	переодевание, костюм
připravovat se	to prepare	sich vorbereiten	приготавливаться, готовиться
rána	wound	Wunde	удар, рана
rozdíl	difference	Unterschied	различие, разница
rozhodnout se*, rozhodnu se pf.	to decide, I'll decide	sich entscheiden, ich entscheide mich/werde mich entscheiden	решить(ся), я решу(сь)
rozzuřený	enraged	wütend, böse	разъяренный
sám	alone	alleine	сам, один
slíbit pf.	to promise	versprechen	пообещать
smrt	death	Tod	смерть
soused	neighbour	Nachbar	сосед
strach	fear	Angst	страх
strnout*, strnu pf.	to freeze, stiffen I'll freeze, stiffen	erstarren, ich erstarre/werde erstarren	онеметь/остолбенеть/оцепенеть, я онемею
strnout* hrůzou	to be petrified with horror	vor Entsetzen erstarren	оцепенеть от ужаса
šaty	clothes	Kleider	платье
umírat	to die	sterben	умирать
uříznout*, uříznout pf.	to cut off, I'll cut off	abschneiden, ich schneide ab/werde abschneiden	отрезать, срезать спилить
uši, sg. ucho	ears	Ohren	уши
v přestrojení za + G	disguised as	verkleidet als	переодетый в
válka	war	Krieg	война

slovníček | Staré pověsti české a moravské

ČESKY	ANGLICKY	NĚMECKY	RUSKY
věřit	to believe	glauben	верить
vést*, vedu	to lead, I lead	führen, ich führe	вести, я веду
vládnout*, vládnu	to rule, I rule	herrschen, ich herrsche	править, я правлю
vlasy	hair	Haare	волосы
všichni	all	alle	все
vyjet*, vyjedu pf.	to set out, ride out I'll set out, ride out	fahren, ich fahre/ werde fahren	выехать, я выеду
vykřiknout, vykřiknu*	to exclaim, I'll exclaim	(auf-)schreien, ich schreie (auf)	выкрикнуть, я выкрикну
zabít*, zabiju pf.	to kill, I'll kill	töten, ich töte/ werde töten	убить, я убью
zachmuřený	sullen, glum	bedrückt	хмурый, нахмуренный, пасмурный
zachránit se pf.	to save oneself	sich retten	спастись
zaútočit pf.	to attack	angreifen	напасть
země	country, land	Land	страна, земля
zemřít*, zemřu pf.	to die, I'll die	sterben, ich sterbe /werde sterben	умереть, я умру
získat pf.	to obtain, acquire	bekommen	получить, приобрести
zlý	bad, evil	schlimm	злой, плохой
zpátky	back	zurück	назад
zpráva	message	Nachricht	сообщение, известие
zvednout*, zvednu pf.	to lift up, raise, I'll lift up, raise	hochnehmen, ich nehme hoch /werde hoch- nehmen	поднять, я подниму

SVATÝ VÁCLAV A BLANÍK • DER HEILIGE VÁCLAV UND BLANÍK • SAINT VÁCLAV AND BLANÍK • СВЯТОЙ ВАЦЛАВ И БЛАНИК

ČESKY	ANGLICKY	NĚMECKY	RUSKY
až	when	wenn	когда, аж
bát se, bojím se + G	to be afraid, I am afraid	sich fürchten, ich fürchte mich	бояться, я боюсь
běžet	to run	laufen, rennen	бежать
bílý	white	weiß	белый
brána	gate	Tor	ворота
celý	entire	ganz	весь
Čechy	Bohemia	Böhmen	Чехия
další	another	weitere	следующий
dívka	girl	Mädchen	девушка
dno	bottom	Grund, Boden	дно
doložený	substantiated	bewiesen, nachgewiesen	подтвержденный, обоснованный
historicky	historically	geschichtlich	исторический
hora	mountain, hill	Berg	гора
chodba	passage, corridor	Flur	коридор
kdysi	once	einst	когда-то
kněžna	princess	Fürstin	княжна
kníže	prince	Fürst	князь
koš	basket	Korb	корзина
křesťan	Christian	Christ	крестьянин
kůň, na koni, pl. koně	horse	Pferd	лошадь
laskavý	kind, kind-hearted	freundlich, liebenswürdig	любезный, доброжелательный
ležet	to lie	liegen	лежать
manželka	wife	Ehefrau	супруга
mrtvý	dead	tot	мертвый
najednou	suddenly	auf einmal	вдруг, внезапно
nechat	to have sth done, to let	lassen	оставить, перестать
odejít*, odejdu pf.	to leave, I'll leave	weggehen, ich gehe weg/ werde weggehen	уйти, я уйду
odměna	reward	Belohnung	вознаграждение, премия
podél	along	hier: an (der Wand)	вдоль
pokřtít pf.	to baptise	taufen	окрестить

slovníček | Staré pověsti české a moravské

ČESKY	ANGLICKY	NĚMECKY	RUSKY
pole	field	Feld	поле
pomoc	help	Hilfe	помощь
pověst	story, legend	Sage, Legende	миф, сказание, легенда
později	later	später	позже
prostý	simple	einfach	простой
první	first	erste	первый
pryč	away	weg	прочь, отсюда
překvapení	surprise	Überraschung	удивление, сюрприз
Přemyslovci	Přemyslids	Přemysliden	род Пршемысловцев
příbuzný	relative	verwandt	родственник
přijít*, přijdu pf.	to come, I'll come	kommen, ich komme/werde kommen	прийти, я приду
přijít* o + A pf.	to lose	kommen um	лишиться
rod	dynasty, family	Geschlecht	род
rychle	quickly	schnell	быстро
rytíř	knight	Ritter	рыцарь
sál	hall	Saal	зал
smetí	sweepings	Abfall	мусор, сор
spát	to sleep	schlafen	спать
spolu	together	gemeinsam	вместе
stát* se, stanu se + I pf.	to become, I'll become	werden, ich werde	стать, я стану
střední	central	Mittel-	центральный
svatý	holy	heilig	святой
uklidit pf.	to tidy	aufräumen	убрать
uprostřed	in the middle	in der Mitte	в центре, посередине
vesnický	village	Dorf-	деревенский
vést*, vedu	to lead, I lead	führen, ich führe/werde führen	вести, я веду
vliv	influence	Einfluss	влияние
vnuk	grandson	Enkel	внук
voják	soldier	Soldat	солдат

adaptovaná česká próza

ČESKY	ANGLICKY	NĚMECKY	RUSKY
vyjít*, vyjdu pf.	to leave, walk out of / I'll leave, walk out of	hier: heruntergehen, ich gehe herunter/werde heruntergehen	выйти, я выйду
vysypat, vysypu pf.	to empty out, tip out / I'll empty out, tip out	ausschütten, ich schütte aus/werde ausschütten	высыпать, я высыплю
zamést*, zametu pf.	tomsweep, I'll tomsweep	kehren, ich kehre/ werde kehren	замести, я замету
zatímco	while	während	в то время как
zavraždit pf.	to murder	umbringen	убить
zbožný	pious	fromm	набожный, благочестивый, священный
zjistit pf.	to find out, discover	bemerken	обнаружить
zle	badly, in a bad way	Böse, Übel	плохо
zlostně	angrily	verärgert, zornig	зло, злобно, сердито

slovníček | Staré pověsti české a moravské 81

SVATOPLUK A JEHO SYNOVÉ · SVATOPLUK UND SEINE SÖHNE · SVATOPLUK AND HIS SONS · СВЯТОПЛУК И ЕГО СЫНОВЬЯ

ČESKY	ANGLICKY	NĚMECKY	RUSKY
kníže	prince	Fürst	князь
silný	strong	stark	сильный
mocný	powerful	mächtig	могущественный
vládce	ruler	Herrscher	правитель
historický	historical	geschichtlich	исторический
pramen	source	Quelle	источник
devátý	ninth	neunte	девятый
století	century	Jahrhundert	век
vládnout*, vládnu	to rule, I rule	herrschen, ich herrsche	править, я правлю
říše	empire	Reich	империя
nazývaný	called	heißen	называемый
vyprávět	to narrate, tell	erzählen	рассказывать
pověst	story, legend	Sage, Legende	миф, сказание, легенда
umírat	to die	sterben	умирать
zavolat *pf.*	to call	rufen	позвать
část	part	Teil	часть
cítit	to feel	fühlen	чувствовать
rozdělit *pf.*	to divide	aufteilen	разделить
rozhodovat	to decide	entscheiden	принимать решение
poslouchat	to obey, listen to	hören	слушать
nechat	to have sth done	lassen	оставить, перестать
přinést*, přinesu *pf.*	to bring, I'll bring	bringen, ich bringe /werde bringen	принести, я принесу
svázaný	bound	verbunden, verknotet	связанный
silný	strong	stark, fest	сильный
prut	rod, switch	Stock, Stab	прут, лоза, розга
zkusit *pf.*	to try	versuchen	попробовать
zlomit *pf.*	to break	brechen	сломать
zkoušet	to attempt	probieren, versuchen	пробовать
snadno	easily	leicht	просто, легко

adaptovaná česká próza

ČESKY	ANGLICKY	NĚMECKY	RUSKY
svornost	unity, harmony	Eintracht	сплоченность
láska	love	Liebe	любовь
mír	peace	Frieden	мир
síla	strength	Stärke	сила
nepřítel	enemy, foe	Feind	враг
porazit *pf.*	to defeat	besiegen, schlagen	победить
hádat se	to argue	sich streiten	ругаться
pamatovat na + *A*	to remember	erinnern an	помнить о
rada	advice	Rat	совет
začít*, začnu *pf.*	to begin, start, I'll begin, start	anfangen, ich fange an /werde anfangen	начать, я начну
hádka	argument	Streit	ссора
boj	fight	Kampf	борьба
rozpadnout* se, rozpadnu se *pf.*	to fall apart, I'll fall apart	auseinanderfallen, ich falle auseinander/werde auseinanderfallen	распасться, я распадусь

slovníček | Staré pověsti české a moravské

ČESKY	ANGLICKY	NĚMECKY	RUSKY
až	(up) to	wenn, erst	когда, аж
bílý	white	weiß	белый
bujarý	lively, wild	ausgelassen	безудержный
celý	entire	ganz	весь
daň	tax	Steuer	налог
dar	gift	Geschenk	дар, подарок
dovědět se, dovím se *pf.*	to find out, I'll find out	erfahren, ich erfahre	узнать, я узнаю
folklorní	folk, folklore	volkstümlich	фольклорный, народный
hlučný	noisy	laut	шумный
hodný	good, kind	freundlich	хороший, добрый, послушный
hostina	banquet, feast	Festessen, Gelage	банкет, пир, угощение
hrubě	coarsely, rudely	grob	грубо
chalupa	cottage	Bauernhaus	изба, хата, дача
chlapec	boy	Junge, Knabe	мальчик
chudý	poor	arm	бедный
chybět	to lack	fehlen	отсутствовать, не хватать
ječmen	barley	Gerste	ячмень
jízda	ride	Fahrt	поездка, езда
konat se	to take place	stattfinden	проходить
král	king	König	король
kůň, na koni	horse	Pferd, auf dem Pferd	лошадь
laskavý	kind, kind-hearted	liebenswürdig, freundlich	любезный, доброжелательный
lehkomyslný	thoughtless, reckless	leichtsinnig	легкомысленный
litovat + G	to regret	bedauern, bereuen	жалеть
meč	sword	Schwert	меч
mnich	monk	Mönch	монах
moudrý	wise	weise, klug	мудрый
najít*, najdu *pf.*	to find, I'll find out	finden, ich finde/ werde finden	найти, я найду
nechat *pf.*	to have sth done	lassen	оставить, перестать

ČESKY	ANGLICKY	NĚMECKY	RUSKY
oblečený	dressed	angezogen	одетый
opilý	drunk	betrunken	пьяный
ostatní	other	andere	остальной, другой, прочий
pokračovat	to continue, carry on	fortfahren	продолжать
pole	field	Feld	поле
porodit *pf.*	ti give birth to	zur Welt bringen	родить
promluvit *pf.*	to break silence, begin to speak	sprechen, reden	поговорить
prosit	to implore, beg	bitten	просить
prozradit *pf.*	to reveal	verraten	выдать, разгласить, предать
připravovat	to prepare	vorbereiten	готовить
radit se	to seek advice, hold counsel	sich beraten	советоваться
rozkázat*, rozkážu *pf.*	to order, I'll order	befehlen, ich befehle /werde befehlen	приказать, я прикажу
rozzuřit se *pf.*	to fly into a rage	in Wut geraten	разъяриться
růže	rose	Rose	роза
sám	alone	alleine	сам, один
schovat se *pf.*	to hide	sich verstecken	спрятаться
slavnost	ceremony	Feier	торжество, праздник
smrt	death	Tod	смерть
šlechtic	nobleman	Adeliger	дворянин, аристократ
takzvaný	so-called	so gennante	так называемый
tichý	quiet	ruhig	тихий
trpět	to suffer	leiden	страдать, терпеть
ubohý	poor	arm	бедный, несчастный, жалкий, убогий
ústa *jenom pl.*	mouth	Mund	рот
utíkat	to escape, make off	weglaufen	убегать

slovníček | Staré pověsti české a moravské

ČESKY	ANGLICKY	NĚMECKY	RUSKY
věřit	to believe	glauben	верить
vládce	master, prince, ruler	Herrscher	правитель
vrátit se pf.	to return	zurückkehren	вернуться
vybrat*, vyberu pf.	to choose, I'll choose	auswählen	выбрать, я выберу
vyhnat*, vyženu pf.	to cast out, I'll cast out	hinausjagen, ich jage hinaus /werde hinausjagen	выгнать, я выгоню
vynadat pf.	to scold	(aus-)schimpfen	отругать
vyrůst*, vyrostu pf.	to grow up, I'll grow up	aufwachsen, ich wachse auf /werde aufwachsen	вырасти, я вырасту
vzít*, vezmu pf.	to take, I'll take	nehmen, ich nehme /werde nehmen	взять, я возьму
zábava	entertainment, amusement	Unterhaltung, Spaß	развлечение, забава
zabít*, zabiju pf.	to kill, I'll kill	töten, ich töte/ werde töten	убить, я убью
začít*, začnu pf.	to begin, start I'll begin, start	anfangen, ich fange an/ werde anfangen	начать, я начну
zpátky	back	zurück	назад
ztratit pf.	to lose	verlieren	потерять
zůstat*, zůstanu pf.	to remain, stay, I'll remain, stay	bleiben, ich bleibe /werde bleiben	остаться, я останусь
zvát*, zvu	to invite, I invite	einladen, ich lade ein	звать, я зову
zvyknout* si, zvyknu si pf.	to get used to, I'll get used to	sich gewöhnen, ich gewöhne mich/werde mich gewöhnen	привыкнуть, я привыкну

■ Klíč

Praotec Čech
Cv. 2
1. B, 2. E, 3. D, 4. A, 5. C
Cv. 3
horami, o domy a auta, vyletěli, lehká, vodou, měsíc, piva, podle mě, dům, pramatka Češka
Cv. 4
1. mezi, 2. mezi, o, o, 3. na, 4. do, pod, 5. na, 6. podle, podle, 7. od, 8. na
Cv. 5
akuzativ – půda, majetek, akuzativ – cesta, lokál – nějaká doba, genitiv – krásná krajina, instrumentál – hora, akuzativ – hora, genitiv – ta doba
Cv. 6
1. vyšli, 2. došli, 3. vycházelo, vyšli, 4. vyšel
Cv. 7
1. začínat/začít, 2. docházet/dojít, 3. zastavovat se/zastavit se, 4. rozhodovat se/rozhodnout se, 5. vycházet/vyjít,
6. dělat/udělat, 7. dívat se/podívat se, 8. umírat/umřít

Libušino proroctví
Cv. 2
1. ANO, 2. NE, 3. NE, 4. ANO, 5. NE, 6. NE
Cv. 4
1. B, 2. C, 3. G, 4. F, 5. H, 6. A, 7. D, 8. E
Cv. 5
1. se, 2. se, 3. -, 4. se, 5. -, se, 6. -, 7. -, -, 8. se
Cv. 6
instrumentál – vládce, genitiv – otec, lokál – Vyšehrad, lokál – skála, instrumentál – řeka Vltava, genitiv – les, akuzativ – člověk, lokál – svět, akuzativ – hlava
Cv. 7
1. Libušin, 2. Libušino, 3. Libušino, 4. Libušiny, 5. Libušina

Libuše a Přemysl
Cv. 2
1. c, 2. c, 3. b, 4. b, 5. c, 6. a
Cv. 3
2. A, 3. B, 4. F, 5. E, 6. G, 7. H, 8. C
Cv. 4
2. D, 3. B, 4. F, 5. G, 6. C, 7. A
Cv. 5
1. přišli, se hádali, 2. rozhodla, 3. prohrál, 4. řekla, 5. našli, 6. začal
Cv. 6
1. hádat se/pohádat se, 2. rozhodovat/rozhodnout, 3. vidět/uvidět, 4. prohrávat/prohrát, 5. přicházet/přijít, 6. nacházet/najít

Bivoj
Cv. 3
1. Křik a hluk. 2. Na nádvoří. 3. Živého divokého kance. 4. Muži, kteří stáli okolo. 5. Ničil úrodu. 6. Ke stolu. 7. Krásný pás. 8. Léčivé a kou-

zelné byliny.
9. Čarovat. 10. Až do rána. 11. Že ji doprovodí na její hrad Kazín.
12. Manželem Kazi a otcem jejích dětí.

Cv. 4
1. se, na, do, na, 2. do, na, 3. k, z, 4. na, 5. ke, 6. v, díky, v, 7. do, 8. na, na, 9. za

Cv. 5
1. zabíjet/zabít, 2. vracet se/vrátit se, 3. pomáhat/pomoct, 4. bloudit/zabloudit, 5. slyšet/uslyšet, 6. zdravit/pozdravit, 7. chválit/pochválit, 8. děkovat/poděkovat

Cv. 6
1. uslyšely, 2. se vrátily, 3. pozdravil, 4. pomoct, 5. zabil, 6. nezabloudíš

Dívčí válka
Cv. 2
nejsilnější z žen – nejslabší z žen, přivázat ke stromu – odvázat od stromu, postavit hrad – zbořit hrad, brát něco vážně – nebrat něco vážně

Cv. 3
1. ovce, 2. lvice, 3. lest, 4. pláč, 5. aby ji zachránil, 6. džbán medoviny, 7. na roh, 8. zabily, 9. výčitky svědomí, 10. údolí

Cv. 4
1. si, 2. se, 3. se, 4. se, 5. se, 6. se, 7. se, 8. se, se

Cv. 5
genitiv – žena,
dativ – muž,
akuzativ – muž,
akuzativ – les,
dativ – Ctirad,
genitiv – medovina, genitiv – roh,
genitiv – Ctirad,
genitiv – skála

Cv. 6
1. slyšet/uslyšet, 2. zachraňovat/zachránit, 3. plánovat/naplánovat, 4. brát/vzít

Horymír
Cv. 2
důl = místo pod zemí, popravit někoho = zabít někoho po soudu, křídla = to, co používá pták, když letí, hradba, hradby = zeď nebo zdi kolem hradu

Cv. 3
zlepšil, uhlí, chudý člověk, měl radost, první, si dát pivo, dolů, moře, žil dlouho, není nic

Cv. 4
1. se, 2. se, si, 3. se, 4. se, 5. se, 6. se, 7. se, 8. se

Cv. 5
od-cházet, vy-hnat, vy-pálit, při-vést, pro-jet se, vy-skočit, pře-skočit, pře-plavat, při-pomínat, ob-jet

Cv. 6
1. odcházeli, 2. vyhnal, 3. vypálil, 4. přivést, 5. se projet, 6. objel, 7. vyskočil, přeskočil, 8. přeplaval, 9. připomíná

Válka s Lučany
Cv. 2
1. Češi, 2. Čech, 3. Češka, 4. Češka

Cv. 3
1. Strabova manželka, 2. kníže Neklan, 3. kmen Lučanů, 4. Strabova matka, 5. Neklanův bratranec Čestmír

Cv. 4
válka – mír, mírný – bojovný, bojácný – statečný, rozzuřený – klidný, milovat – nenávidět, smutný – veselý, vlastní – nevlastní, prohrávat – vyhrávat

Cv. 5
1. NE, 2. ANO, 3. ANO, 4. NE, 5. ANO, 6. ANO,

7. NE, 8. ANO,
9. ANO, 10. NE
Cv. 6
Kdy, Jaký, Odkud,
Koho, Jaká, Co, Proč,
Kdo, Koho, Kam, Jak
Cv. 7
1. na, od, 2. v, 3. na,
4. z, 5. do, 6. před, 7. na,
8. proti, v, za, 9. k, na,
10. s

Svatý Václav a Blaník
Cv. 2
1. Bořivoj, 2. Ludmila,
3. Václav, 4. rytíři,
5. Václav
Cv. 3
1. c, 2. b, 3. c, 4. a, 5. a,
6. c
Cv. 4
1. I, 2. G, 3. J, 4. B, 5. D,
6. C, 7. H, 8. A, 9. E, 10. F
Cv. 5
1. vycházet/vyjít,
2. přicházet/přijít,
3. uklízet/uklidit,
4. křtít/pokřtít,
5. stávat se/stát se,
6. dávat/dát,
7. vraždit/zavraždit,
8. zjišťovat/zjistit
Cv. 6
1. pokřtít, 2. zavraždit,
3. se stali, 4. přijdou,
5. uklidila, 6. dal,
7. vyšla, 8. zjistila

Svatopluk a jeho synové
Cv. 2
1. Svatoplukova,
2. Svatoplukovi,
3. Svatoplukova,
4. Svatoplukova
Cv. 3
1. a, 2. b, 3. c, 4. a,
5. b, 6. c, 7. c, 8. a
Cv. 4
lokál – deváté století,
akuzativ – jedna část,
akuzativ – svázaný prut, lokál – svornost,
akuzativ – vaše síla,
akuzativ – nejstarší bratr,
akuzativ – jeho rada
Cv. 5
1. porážet/porazit,
2. poslouchat/poslechnout, 3. rozhodovat/rozhodnout,
4. rozpadat se/rozpadnout se, 5. přicházet/přijít, 6. volat/zavolat,
7. přinášet/přinést,
8. rozdělovat/rozdělit
Cv. 6
1. přišel, zavolal,
2. rozdělil,
3. rozhodovat,
4. poslouchat,
5. přinést,
6. neporazí,
7. se rozpadla

Král Ječmínek
Cv. 2
hlučná zábava – tichá zábava, bílá růže – černá růže, lehkomyslný člověk – spolehlivý člověk, mluvit hrubě – mluvit slušně, nové daně – staré daně, vysoký ječmen – nízký ječmen, opilý muž – střízlivý muž
Cv. 3
šlechtici, pán z Chropyně, lidé, lidé,
paní z Chropyně,
pán z Chropyně,
paní z Chropyně,
Ječmínek, Ječmínek,
lidé, pán z Chropyně, lidé
Cv. 4
3., 7., 12., 10., 5., 2., 1., 9., 6., 8., 4., 11.
Cv. 5
1. bez, 2. na, 3. k, na,
4. v, u, 5. po, 6. od, na,
v, na, 7. podle, na, 8. na

CVIČENÍ K CELÉ KNIZE

Cv. 1
Vlasta, pán z Chropyně, Libuše,
Neklan, Ludmila
a Václav, Svatopluk

| Staré pověsti české a moravské

Cv. 2
Křesomysl, Horymír, Šárka, Čech, Ječmínek, pán z Chropyně, Neklan, Vlasta, Libuše, Svatopluk, blaničí rytíři, Bivoj

Cv. 3
mužská jména:
Bivojova, Horymírův, Křesomyslovo, Neklanův, Václavovi, Ječmínkův, Ječmínkova
ženská jména:
Libušin, Libušina, Libušino, Kazin, Kazin, Šárčin, Šárčino, Vlastiny

Cv. 4
mužská jména:
o Čechovi, o Přemyslovi, o Bivojovi, o Horymírovi, o Neklanovi, o Václavovi, o Svatoplukovi, o Ječmínkovi
ženská jména:
o Libuši, o Šárce, o Vlastě

Obsah

Úvod	5
Praotec Čech	7
Libušino proroctví	9
Libuše a Přemysl	11
Bivoj	13
Dívčí válka	15
Horymír	17
Válka s Lučany	19
Svatý Václav a Blaník	21
Svatopluk a jeho synové	23
Král Ječmínek	25
Cvičení	27
Slovníček	59
Klíč	89

Lída Holá
■ Staré pověsti české a moravské

Staré pověsti české a moravské jsou dalším svazkem edice Adaptovaná česká próza. Jsou určené studentům češtiny jako cizího jazyka na úrovni A2. V deseti pověstech jsou představena nejslavnější jména a události české národní mytologie a historie: praotec Čech, Libuše a Přemysl, Libušina věštba, Horymír se svým věrným koněm Šemíkem, dívčí válka, kníže Václav, král Ječmínek a další. Studenti tak mají možnost seznámit se s postavami, ději a výroky, o kterých lze říct, že tvoří základ národního a historického povědomí každého Čecha. Svazek doprovázejí názorné ilustrace a fotografie míst, ke kterým se české a moravské pověsti váží. Dále obsahuje soubor gramaticko-lexikálních cvičení ke každému textu, česko-anglicko-německo-ruský slovníček a klíč ke cvičením. Obsahuje také anglický, německý a ruský slovníček a nabízí množství lexikálních a gramatických cvičení s klíčem. Součástí svazku je i audio CD s kompletní nahrávkou knihy. Publikace je určena studentům češtiny jako cizího jazyka na úrovni B1.
Brož. – flexovazba, 96 stran, cena 225 Kč

VYDÁNO:
Lída Holá
■ **Pražské legendy**
Pražské legendy vycházejí v edici Adaptovaná česká próza, určené studentům češtiny jako cizího jazyka. Tuto publikaci mohou využívat studující na úrovni A2. V deseti legendách spojených se známými pražskými lokalitami se seznámí s humornými, magickými, strašidelnými i tragickými příběhy, tradujícími se v Praze po celá staletí. Svazek obsahuje nejen známé legendy, jako např. o Golemovi, o Loretě či o mistru staroměstského orloje Hanušovi, ale i ty méně známé, jako je třeba pověst o čertech v Emauzích nebo příběh o původu válečků, které zdobí okno na Kampě u Karlova mostu. Pražské legendy se tak stávají i netradičním průvodcem po Praze a svědectvím o její minulosti. Publikace obsahuje názorné ilustrace a fotografie míst, ke kterým se legendy váží. Její součástí je anglický, německý a ruský slovníček a množství lexikálních a gramatických cvičení s klíčem. Přílohou je audio CD s kompletní nahrávkou knihy.
Brož. – flexovazba, 84 stran, cena 225 Kč, ISBN 978-80-87481-51-6

PŘIPRAVUJEME:
Jan Neruda – Lída Holá
■ **Povídky malostranské**
Populární Povídky malostranské známého českého autora Jana Nerudy vycházejí v rámci řady Adaptované české prózy určené studentům češtiny jako cizího jazyka. Adaptované Nerudovy povídky již několikrát vyšly, nyní je připravujeme v nové, přehlednější grafické podobě. Básník, prozaik a novinář Jan Neruda (1834–1891) patří k nejznámějším českým autorům devatenáctého století. Jeho jméno nese jedna z ulic u Pražského hradu, kde se v domě U Dvou sluncům narodil. Neruda prožil v Praze celý život a s tímto městem je spojené i jeho dílo. Jeho povídky s jemnou ironií a psychologickou věrností představují lidi a lidičky z pražské Malé Strany. Díky nim máme možnost objevovat zapomenuté kouzlo starého světa, ale i nadčasové portréty lidských charakterů. Publikace přináší stručný medailon Jana Nerudy, šest jeho adaptovaných povídek a krátkou informaci o domovních znameních staré Prahy. Dále obsahuje soubor gramaticko-lexikálních cvičení ke každému textu, česko-anglicko-německo-ruský slovníček a klíč ke cvičením. Kniha je určena pro úroveň B1, tedy pro středně a více pokročilé studenty. – Brož.
ISBN 978-80-87481-60-8

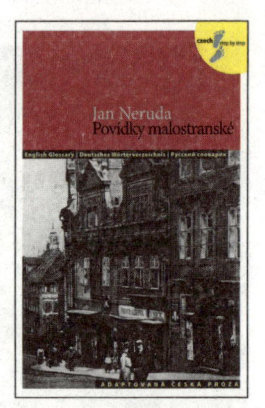